四特 教育系列丛书 SITEJIAOYUXILIECONGSHU

U0721627

趣味球类竞赛

《"四特"教育系列丛书》编委会　编著

吉林出版集团股份有限公司

全国百佳图书出版单位

图书在版编目 (CIP) 数据

趣味球类竞赛／《"四特"教育系列丛书》编委会编著.
—长春：吉林出版集团股份有限公司，2012.4
（"四特"教育系列丛书／庄文中等主编.学校体育竞赛与智力游戏活动策划）
ISBN 978-7-5463-8619-5

I. ①趣… Ⅱ . ①四… Ⅲ . ①球类运动－运动竞赛－青年读物②球类运动－运动竞赛－少年读物 Ⅳ . ① G840.73-49

中国版本图书馆 CIP 数据核字（2012）第 041989 号

趣味球类竞赛

QUWEI QIULEI JINGSAI

出 版 人	吴　强	
责任编辑	朱子玉　杨　帆	
开　　本	690mm×960mm　1/16	
字　　数	250 千字	
印　　张	13	
版　　次	2012 年 4 月第 1 版	
印　　次	2023 年 2 月第 3 次印刷	

出　　版	吉林出版集团股份有限公司
发　　行	吉林音像出版社有限责任公司
地　　址	长春市南关区福祉大路 5788 号
电　　话	0431-81629667
印　　刷	三河市燕春印务有限公司

ISBN 978-7-5463-8619-5　　　　　定价：39.80 元

前　言

　　学校教育是个人一生中所受教育的最重要组成部分,个人在学校里接受计划性的指导,系统地学习文化知识、社会规范、道德准则和价值观念。学校教育从某种意义上讲,决定着个人社会化的水平和性质,是个体社会化的重要基地。知识经济时代要求社会尊师重教,学校教育越来越受重视,在社会中起到举足轻重的作用。

　　"四特教育系列丛书"以"特定对象、特别对待、特殊方法、特例分析"为宗旨,立足学校教育与管理,理论结合实践,集多位教育界专家、学者以及一线校长、老师们的教育成果与经验于一体,围绕困扰学校、领导、教师、学生的教育难题,集思广益,多方借鉴,力求全面彻底解决。

　　本辑为"四特教育系列丛书"之《学校体育竞赛与智力游戏活动策划》。

　　学校体育运动会是学校教育教学工作的一个重要组成部分,是体育活动中的一个重要内容。它不仅可以增强学生的体质,同时,也可以增强自身的意志和毅力,并在思想品质的教育上,发挥不可替代的作用。学校通过举办体育运动会,对推动学校体育的开展,检查学校的体育教学工作,提高体育教学、体育锻炼与课余体育训练质量和进行学校精神文明建设等都具有重要的意义。本书旨在普及体育运动的知识,充分调动广大青少年学生参与体育活动的积极性,内容包括学校体育运动会各个单项的竞赛与裁判知识等内容,具有很强的系统性、实用性、实践性和指导性,

　　将智力和游戏结合起来,通过游戏活动达到大脑锻炼的目的,是恢复疲劳、增强脑力、重塑脑功能结构的主要方式,是智力培养的重要措施。

　　青少年的大脑正处于发育阶段,具有很大的塑造性,通过智力游戏活动,能够培养和开发大脑的智能。特别是广大青少年都具有巨大的学习压力,智力游戏活动则能够使他们在轻松愉快的情况下,既完成繁重的学业任务,又能提高智商和情商水平,可以说是真正的素质教育。为了使广大青少年在玩中学习,在乐中提高,我们根据青少年的生理、心理特点,特别编写这套书。我们采用做游戏、讲故事等方法,让广大青少年思考问题,解决难题,并在玩乐的过程中,循序渐进地提高智商和开发智力,达到学习与娱乐双丰收的效果。

本辑共20分册,具体内容如下:

1.《团体球类运动竞赛》

　　学校体育运动的目的是调动学生活动的兴趣,提高学生参加体育运动和各种活动的积极性和参与率,让学生在运动中才能体会到参与的快乐。本书就学校团体球类运动的竞赛与裁判问题进行了系统而深入的阐述,使学生掌握组织团体球类竞赛的方法体例科学,内容全面,具有很强的系统性、实用性、实践性和指导性。

2.《小型球类运动竞赛》

小型球类运动竞赛包括排球、羽毛球和乒乓球等比赛。学校体育运动的目的是调动学生活动的兴趣,提高学生参加体育运动和各种活动的积极性和参与率,让学生在运动中才能体会到参与的快乐。小型球类运动竞赛包括排球、羽毛球和乒乓球等比赛。本书就学校个人球类运动的竞赛与裁判问题进行了系统而深入的阐述,体例科学,内容全面,具有很强的系统性、实用性、实践性和指导性。

3.《跑走跨类田径竞赛》

学校体育运动的目的是调动学生活动的兴趣,提高学生参加体育运动和各种活动的积极性和参与率,让学生在运动中才能体会到参与的快乐。跑走跨类田径竞赛包括长短跑、跨栏跑和竞走等项目比赛。本书就学校跑走跨类田径运动的竞赛与裁判问题进行了系统而深入的阐述,体例科学,内容全面,具有很强的系统性、实用性、实践性和指导性。

4.《跳跃投掷类田径竞赛》

长期来,在技术较为复杂的非周期性田径项目的教学中,一般都采用以分解为主的教学法。这种教学法,教学手段繁琐,教学过程复杂,容易产生技术的割裂和停顿现象,特别是与现代跳跃和投掷技术的快速和连贯性有着明显的矛盾。因此,它对当前进一步提高教学质量产生十分不利的影响。本书就学校跳跃投掷类田径运动的竞赛与裁判问题进行了系统而深入的阐述,体例科学,内容全面,具有很强的系统性、实用性、实践性和指导性。

5.《体操运动竞赛》

竞技性体操包括竞技体操、艺术体操、健美操、技巧、蹦床五项运动。其中,竞技体操男子项目有自由体操、鞍马、吊环、跳马、双杠、单杠六项,女子项目有跳马、高低杠、平衡木、自由体操四项。本书就学校竞技体操运动的竞赛与裁判问题进行了系统而深入的阐述,体例科学,内容全面,具有很强的系统性、实用性、实践性和指导性。

6.《趣味球类竞赛》

学校体育运动的目的是调动学生活动的兴趣,提高学生参加体育运动和各种活动的积极性和参与率,让学生在运动中才能体会到参与的快乐。本书就学校趣味球类竞赛项目运动的竞赛与裁判问题进行了系统而深入的阐述,体例科学,内容全面,具有很强的系统性、实用性、实践性和指导性。

7.《水上运动竞赛》

水上运动包含五个项目:游泳,帆船,赛艇,皮划艇,水球。本书就学校水上运动的竞赛与裁判问题进行了系统而深入的阐述,体例科学,内容全面,具有很强的系统性、实用性、实践性和指导性。

8.《室内外运动竞赛》

室内运动栏目包括瑜伽、拉丁、肚皮舞、普拉提、健美操、踏板操、舍宾、跆拳道等,户外运动栏目包括攀岩登山,动感单车,潜水游泳,球类运动等。本书就学校室内外运动的竞赛与裁判问题进行了系统而深入的阐述,体例科学,内容全面,具有很强的系统性、实用性、实践性和指导性。

9.《冰雪运动竞赛》

冰雪运动主要包括冬季运动和轮滑运动训练、竞赛、医疗、科研、教学、健身、运动器材、冰雪旅游等。本书就学校冰雪运动的竞赛与裁判问题进行了系统而深入的阐述，体例科学，内容全面，具有很强的系统性、实用性、实践性和指导性。

10.《趣味运动竞赛》

趣味运动，是民间游戏的全新演绎，是集思广益的智慧创造，它的样式不同，内容各异。趣味运动会将"趣味"融于"团队"中，注重个人的奉献与集体的协作。随着中国经济文化的迅速发展，人们精神文化生活的丰富，趣味体育也有了更广阔的发展，成为一种新的时尚。本书就学校趣味运动的竞赛与裁判问题进行了系统而深入的阐述，体例科学，内容全面，具有很强的系统性、实用性、实践性和指导性。

11.《锻炼学生观察力的智力游戏策划》

发展观察力的游戏有"目测"、"寻找"、"发现"等。这些游戏可帮助学生加强观察的目的性、计划性，扩大观察范围，使孩子能更多、更清楚地感知事物。本书对锻炼学生观察力的智力游戏项目策划进行了系统而深入的阐述，体例科学，内容全面，具有很强的系统性、实用性、实践性和指导性。

12.《锻炼学生注意力的智力游戏策划》

注意力是儿童普遍存在的问题。他们在听课、做作业、看书、活动等事情上，往往不能集中注意力，也没有耐性。在人们的生活、学习和工作过程中，注意力起着非常重要的作用。有位教育专家说：注意力是学习的窗口，没有它，知识的阳光就照射不进来。本书对锻炼学生注意力的智力游戏项目策划进行了系统而深入的阐述，体例科学，内容全面，具有很强的系统性、实用性、实践性和指导性。

13.《锻炼学生记忆力的智力游戏策划》

记忆力游戏是一种主要依赖于个人记忆力来完成的单人或团体游戏。这类游戏的形式无论是现实或网络中都是非常多的，能否胜出本质上取决于个人的记忆力强弱，这也是一种心理学游戏。本书对锻炼学生记忆力的智力游戏项目策划进行了系统而深入的阐述，体例科学，内容全面，具有很强的系统性、实用性、实践性和指导性。

14.《锻炼学生思维力的智力游戏策划》

这是一本不可思议的挑战人类思维的奇书，全世界聪明人都在做。在这本书里，你会找到极其复杂的，也是非常简单的推理问题，让人迷惑不解的图形难题，需要横向思维的难题和由词语、数字组成的纵横字谜，以及大量的包含图片、词语或数字，或者三者兼有的难题，令你绞尽脑汁，晕头转向！现在，你需要的是一支铅笔和一个安静的角落，请尽情享受解题的乐趣吧！

15.《锻炼学生想象力的智力游戏策划》

学校的智力游戏活动主要是锻炼学生认识、理解客观事物并运用知识、经验等解决问题的能力，它是直接为学生提高学习能力而服务的，也是学生学习知识的实践运用，它不仅具有趣味性，更具有娱乐性。本书对锻炼学生想象力的智力游戏项目策划进行了系统而深入的阐述,体例科学,内容全面,具有很强的系统性、实用性、实践性和指导性。

16.《锻炼学生表达力的智力游戏策划》

语言表达能力是现代人才必备的基本素质之一。在现代社会,由于经济的迅猛发展,人们之间的交往日益频繁,语言表达能力的重要性也日益增强,好口才越来越被认为是现代人所应具有的必备能力。本书从大量的益智游戏中精选了一些能提高青少年记忆力的思维游戏,为广大读者提供一个检视自身思维结构,全面解码知识、融通知识、锻炼思维的自我训练平台。

17.《锻炼学生学习力的智力游戏策划》

学校的智力游戏活动主要是锻炼学生认识、理解客观事物并运用知识、经验等解决问题的能力,它是直接为学生提高学习能力而服务的,也是学生学习知识的实践运用,它不仅具有趣味性,更有娱乐性。本书对锻炼学生学习力的智力游戏项目策划进行了系统而深入的阐述,在游戏中培养孩子的学习能力。体例科学,内容全面,具有很强的系统性、实用性、实践性和指导性。

18.《锻炼学生空间力的智力游戏策划》

学校的智力游戏活动主要是锻炼学生认识、理解客观事物并运用知识、经验等解决问题的能力,它是直接为学生提高学习能力而服务的,也是学生学习知识的实践运用,它不仅具有趣味性,更有娱乐性。本书对锻炼学生空间力的智力游戏项目策划进行了系统而深入的阐述,体例科学,内容全面,具有很强的系统性、实用性、实践性和指导性。

19.《锻炼学生实践力的智力游戏策划》

社会实践即通常意义上的假期实习,对于在校大学生具有加深对本专业的了解、确认适合的职业、为向职场过渡做准备、增强就业竞争优势等多方面意义。也有些学生希望趁暑假打份零工,积攒一份私房钱。本书对社会锻炼学生实践力的智力游戏项目策划进行了系统而深入的阐述,体例科学,内容全面,具有很强的系统性、实用性、实践性和指导性。

20.《锻炼学生创造力的智力游戏策划》

本书对创造能力的培养进行研究,包括创造力的认识误区、创造力生成的基本理论、创造力的提升、管理者应具备的技能等,同时针对学生设计的游戏形式来进行创造力的训练。其实,想要激发孩子的创造力,你不必在家里放上昂贵的玩具和娱乐设施。一些简单的活动,比如和宝宝玩拍手游戏,或者和孩子一起编故事,所有这些都能让孩子进入有创意的世界。本书对锻炼学生创造力的智力游戏项目策划进行了系统而深入的阐述,体例科学,内容全面,具有很强的系统性、实用性、实践性和指导性。

由于时间、经验的关系,本书在编写等方面,必定存在不足和错误之处,衷心希望各界读者、一线教师及教育界人士批评指正。

编者

目　录

第一章

垒球运动的竞赛与裁判

1. 垒球的发展历史

垒球诞生于 19 世纪 80 年代的美国芝加哥，这项运动很快发展起来，并逐渐又转移到室外，现在全世界有 2000 万人进行这项体育运动。

垒球的起源

（1）垒球的提出者

垒球运动由美国芝加哥弗拉加特的划船俱乐部的乔治·汉考克和明尼苏达州明尼阿波利斯的消防队员莱维斯·罗伯特于 1887 年和 1895 年先后提出。

（2）垒球的诞生

垒球运动的产生是极具戏剧性的。在 1887 年的一场美式橄榄球竞赛中，耶鲁大学击败了老对手哈佛大学。赛后，在芝加哥弗拉加特的划船俱乐部举行的庆祝活动中，一个耶鲁毕业生将一个拳击手套掷向一名哈佛学生，哈佛学生则试图用一根棍子击打这个手套。不久之后，拳击手套变成了圆球，棍子变成了球棒，一项新的运动由此诞生了。

世界垒球的发展

垒球诞生的初期，没有统一的场地画法和竞赛规则。竞赛时，有 9 人一队的也有 10 人一队的，投球、跑垒、打法各异。1926 年制定了统一规则，1933 年美国业余垒球协会成立，这项运动被正式命名为"Softball"，中文译作垒球，逐渐流行于世界各地。

据说第一本规则是 1889 年制定的。垒球运动起初在室内进行，1895 年这项运动移到室外，作为美国消防队员们等待火警前的热身活动。随后，人们开始组织联赛并推广此项运动。

1952 年成立了国际垒球联合会，目前已拥有 127 个会员国或地

区。*1996* 年亚特兰大奥运会上女子垒球正式被列为竞赛项目。

中国垒球的发展

垒球运动 20 世纪初传入中国。*1915* 年在上海举行的远东运动会上，菲律宾女子垒球队作了表演。此后，垒球逐渐在中国的上海、北京、天津等地的教会学校中开展。

1924 年旧中国第三届全国运动会首次将女子垒球列为表演项目。*1933* 年旧中国第五届全国运动会将女子垒球正式列入竞赛项目。

新中国成立后，*1959* 年第一届全运会上有 *21* 个省、市的女子垒球队参加竞赛。在已经举办过的 *10* 届全运会中，除第二届和第五届外，女子垒球在其余 *8* 届均被列为正式竞赛项目。

1974 年成立中国垒球协会，*1979* 年 *11* 月中国正式加入国际垒球联合会。*1990* 年和 *1994* 年的世锦赛中，中国女子垒球队分别获得铜牌和银牌。*1996* 年第二十六届亚特兰大奥运会，中国女子垒球队一路闯关最后获得亚军。在第二十七届和第二十八届奥运会中两次获得第四名。

2．垒球的特点和种类

特点

由于垒球运动的规则比较复杂，战术变化多，局面千变万化，因此需要快速的反应和分析判断，强调勇敢顽强，特别强调集体主义精神，培养个人对集体的责任感和义务感。归纳起来，垒球运动有以下几个特点：

（1）紧密结合

体力与脑力紧密结合的项目

（2）素质培养

对心理素质的锻炼和培养起良好作用的运动。

(3) 适于青年

对身体素质有较高的要求，适于青年的运动。

(4) 协调配合

具有浓厚的游戏性，在激烈的对抗中强调协调配合的项目。

(5) 体现面貌

其内涵体现了一个民族的精神面貌：充满生机活力，机警灵活，自信又信任他人，勇于承担责任，又乐于助人，每个人在自己的岗位上，协同一致，为共同目的而奉献。

种类

垒球运动分为两种，及快速垒球和慢速垒球。垒球的这两种形式都深受人民的喜爱，它们在某些规则上有一些不同。

3. 垒球竞赛的场地

垒球与棒球有很多相同的处，主要不同在场地方面的表现是垒球的场地较小。

场地的布局

竞赛场地是一个直角扇形区域，直角两边是区分界内地区和界外地区的边线。

(1) 界内区

垒球竞赛场地是一个直角扇形区域，直角的两边是区分界内地区和界外地区的边线。两条边线分别长 60.96 米，男子为 68.58 米。两条边线以内的是界内地区，界内地区又分为内场和外场。内场呈正方形，为红沙土场地，四角各设一个垒位，在尖角上的垒位是本垒，并依逆时针方向分别为一垒、二垒和三垒。

（2）外场区

内场以外的地区为外场，外场为草皮场地。竞赛场地必须平整，不得有任何障碍物。

场地各区介绍

（1）投手区

以投手板前沿中心为圆心，2.44米为半径所画的圆即投手区。

（2）接手区

位于本垒板后方与两击球区相连接手区长3.0米，宽2.75米。

（3）击球区

长2.20米，宽1.0米

（4）击球区

以1.5米为直径所画的圆圈。

（5）限制线

自本垒与一垒之中点起，在垒线外侧0.91米画一条与垒线平行的线，称为"跑垒限制线"。

（6）指导区

在一垒和三垒外各有一个与边线平行的区域，竞赛时，供进攻队的教练员指挥时使用。

（7）边沿线

又称草地线。指以投手板前沿中心点为圆心，以18.29米为半径，连接两垒线所画的弧线。此线以外的外场地区为草地，以内为土地。

（8）界内区

从本垒经一、三垒垒线的延长线，直至外场围网以内的区域，称为"界内地区"。

（9）有效区

竞赛活动范围除原固定的内外场地外，还包括两垒线外侧至传球

线，即围网和后挡网前的场地，为竞赛有效区。一切活动必须在竞赛有效区内进行才算有效，球竞赛有效区即为死球。

4. 垒球竞赛的器材

垒球运动的竞赛器材主要有球、球棒及护具等。

竞赛用球

（1）常用球材质

竞赛用球呈圆状，用橡皮或软木为球芯，以纱线或尼龙线缠紧并涂上胶质，球面用白色马皮或牛皮与球芯粘牢，用明线缝合。

（2）常用球重量

球面应整洁平滑，圆周长 0.301 米，重量应为 177.19 克至 198.45 克。

（3）少年竞赛球

其圆周可为 0.276 米至 0.283 米，其重量在 166.5 克至 173.6 克，球体表面应用双针缝法并至少要有 80 针。

投手板

板长 0.61 米，宽 0.15 米固定在投手区内，与地面齐平。投手板前沿与本垒尖角的距离称为投球距离，女子为 12.20 米。竞赛中投手必须触踏投手板进行投球。

本垒板

本垒板白色橡胶板制成，呈五角形，正对投手一边长度为 0.45 米，两便于击球区平行长 0.22 米，两斜边长 0.3 米。

垒包

使用帆布或其他适当的材料制成，并且必须钉牢在地面上的预定位置，一垒使用双垒包。

手套

(1) 分指和连指

任何球员皆可使用分指手套，但是"连指手套"仅限接手及一垒手使用。

(2) 规格和材料

任何手套的虎口上端长度，即拇指与食指间上端间隔不得大于 *0.127* 米，使用皮绳或其他皮制品装置均可。

(3) 颜色的要求

①投手　投手手套必须为单一颜色，除白色及灰色外，其余均可；
②其他　其他球员可戴拼色手套，但背面不得有白色或灰色圆圈。

护具

接手必须佩戴面罩、护胸、护喉、护腿，进攻队员须佩戴头盔。任何队员均可佩戴面罩。

球鞋

竞赛球员应穿着钉鞋，鞋面应以帆布、皮革或类似物质制成。成年赛可穿铁钉鞋，青少年赛不得使用铁钉鞋，可使用胶钉鞋。任何级别竞赛不得使用圆金属钉鞋，不得使用硬橡胶或聚氨酯等类金属鞋底。

服装

同队球员必须穿着同一颜色、式样的服装。不得佩戴任何金属类饰品或其他装饰物，如手表、手镯、耳环和项链等。

5. 垒球竞赛的参赛人员

垒球竞赛双方各有 9 名队员上场参加竞赛，竞赛双方可以分为防守一方和进攻一方。

防守队员

防守队员根据场上位置分别为：投手、接手、一垒手、二垒手、

三垒手、游击手等。

（1）投手

投手是垒球竞赛中，防守方负责投球供进攻方打击手打击的球员，通常被视为主宰竞赛胜负的灵魂人物。只要不违反规则，投手可采用任何一种姿势来做投球。

（2）接手

在本垒后接投手投来的球，并防守本垒和本垒垒球周围地区的队员。

（3）一垒手

一垒手指的是在垒球竞赛中，负责防守一垒的球员。其职责在于接捕一垒附近的击球，以及接捕守备球员的传球来促使击球跑垒员出局。

（4）二垒手

二垒手是在垒球竞赛中，负责防守二垒的球员。其职责在于接捕一二垒间的击球，以及接捕守备球员的传球来促使击球员或跑垒员出局。

（5）三垒手

三垒手指的是在垒球竞赛中，负责防守三垒的球员，其功能在接捕三垒附近区域的击球以及接捕其他防守球员的传球，促使打击者或跑垒者出局。

（6）游击手

游击手指的是在垒球竞赛中，负责防守二三垒间的球员。其职责在于接捕二三垒间的击球，以及接捕守备球员的传球来促使击球员或跑垒员出局。

（7）外场手

在外场进行防守的队员叫"外场手"。它包括左外场手、中外场手和右外场手。

进攻队员

在垒球竞赛中，进攻队员称为击球员，它们依次按事先排定的次序上场击球。

（1）击球员

击球员是进入击球区意在协助本队得分的进攻队员。在被判出局或成为击跑员之前的球员。

（2）击跑员

即是球员在完成打击之后，尚未到达一垒，也未被判出局的球员。

（3）跑垒员

又称作跑者，指已攻占在垒包上的攻击球员，跑垒员于进垒时应采顺时针方向触踏一垒、二垒、三垒及本垒，才算得分。若被迫返垒，仍须依逆时针方向次序返回。

指定球员

在快式垒球中，有指定球员，关于指定球员的要求如下：

（1）登记名单

指定球员的姓名应登记在竞赛开始时的打击次序的名单中，他可以被指定代替上场的任何一名球员打击。

（2）打击次序

指定球员必须保持其打击次序至竞赛结束。

（3）队员限制

任何替补员任何时间，均可在竞赛中为指定球员代打或代跑，但必须以未曾上场的球员为限。

（4）防守职务

指定球员不得上场担任防守的职务。

（5）替补退场

指定球员被替补退场之后，则不得再度上场竞赛。

（6）上场打击

指定的防守球员，在竞赛中的任何时间均不得上场打击。

（7）最后一位

指定的防守球员，必须列于打击次序名单的最后一位（第十位），提交裁判长或司球裁判。

特殊球员

在慢式垒球中，有特殊球员，其要求如下：

（1）登记名单

特殊球员任何球队均可采用，但必须在竞赛开始前将其姓名登记在打击次序的名单中，直至竞赛结束，否则被判"夺权竞赛"。

（2）打击次序

特殊球员必须在整场竞赛中保持相同的打击次序。

（3）位置更换

采用特殊球员则必须有 11 位球员打击，及 10 位球员防守，防守位置可以任意更换，但是打击次序不变。

（4）队员限制

在竞赛中任何替补员在任何时间，均可为"特殊球员"代打或代跑，但必须以未曾上场的球员为限。

垒球指导员

即是进攻队的人员于指导区内，指导其队友的打击和跑垒。并允许各区一位指导员进入指导区内，同时为了记录，仅可携带纪录簿、铅笔及计球器。

6. 垒球竞赛的裁判人员

裁判员

（1）权力与职责

　　裁判员是大会的代表，被指派主持一项竞赛，而且授权执行规则的各条规定。裁判员依其判定，有权对球员、队长、指导或教练，强制实施其规则的一部或全部，并依规则的规定处理。遇有规则未详的处，则由司球裁判决定的。

　　①兼任　裁判员不得兼任竞赛双方的队职员。例如：球员、指导、教练、干事、纪录员或赞助者；

　　②确知　裁判员必须确知竞赛的日期、时间及地点，于规定时间提前 20 分钟至 30 分钟到达竞赛场地。并且准时开始竞赛，竞赛结束即行离开；

　　③服装　男性裁判员必须穿着浅蓝色短袖或长袖衬衫、深蓝色长裤及帽子。女性裁判员必须穿着浅蓝色短袖或长袖衬衫、深蓝色裙裤，不必要戴帽子。但二者均需着深蓝色的袜子、皮带、球袋及外套。司球裁判必须戴护喉面罩，女性裁判员必须加戴护身；

　　④介绍　裁判员必须向队长、教练及纪录员自我介绍；

　　⑤检查　裁判员必须检查竞赛球场的界线及设备，并清楚的将特殊规则向两队及其指导说明；

　　⑥判决　任何裁判员在竞赛结束之前，即继续竞赛或停止竞赛时发生违规事项，均有判决的权力；

　　⑦协商　裁判员可以在任何时间和其他裁判员协商，但是最后的判定，仍属于当事的裁判员；

　　⑧宣判　裁判员必须等待球员提出申诉是否符合规则，方可宣判击球员或跑垒员出局。

　　（2）裁判员分类

　　裁判员依其职务而命名，判定好球、坏球者为司球裁判，判决垒上情形者为司垒裁判。

　　①共同的权力　司球裁判和司垒裁判均有相等的权力如下：

　　宣判　跑垒员违规离垒，宣判跑垒员出局；

暂停　为停止竞赛宣告暂停；

离场　判犯规的球员、指导或教练驱逐离场；

违规　宣判所有违规投球；

②司球裁判　位于捕手后方，对于竞赛的正常进行负有全部的责任。

宣判　宣判所有的：好球及坏球；

协助　与司垒裁判协调合作，宣判击出的球为界内或界外；接球为合法或违规。在竞赛中，当司垒裁判必须离开时，司球裁判得协助其任务；

判定　击球员是否触击或砍击；击出的球是否触及击球员的身体或衣服；飞球是内野飞球或外野飞球；

手册　依据裁判员手册指示判决；

单人　当指定单人裁判时，应负起所有的职责；

③司垒裁判　依据裁判手册立于最适宜的位置。司垒裁判为了执行竞赛规则应以各种方式尽力协助司球裁判。

单人裁判职责

若只有一位裁判员执法其职责与权限扩大至所有条文，他可以立于球场中最适宜的位置完成其任务。

裁判员更换

除非竞赛进行中受伤或发病，不能完成其任务时，否则不得更换。

7.　垒球运动的相关术语

在垒球运动中，有许多相关术语，这些术语常常在介绍竞赛、参与练习时被用到。

器材设施类术语

（1）变造球棒

即是合法球棒的棒体被改造。例如金属球棒使用木质握柄，或使用异质胶带握柄，或插入其他物质于球棒内，或握柄部卷贴两层以上的胶带，或涂漆于球棒，但标记于棒头或底部除外。若仅另外更换合法的握柄套，则不在此限。但"牵牛花状或圆锥形"的握柄头，也视为变造球棒。

（2）垒道

即是在各垒间线的两侧各距 1 米的假想路线区域。

（3）击球区

即是限制击球员的打击区域，击球员在该区内得意图协助队友得分，其区域的边线也包括在内。在投球之前，击球员的双足必须完全在击球区线的内。

（4）内野区

即是内野球员正常的防守区域，其为界内区的一部分。

（5）外野区

即是垒线围成的方块区的外侧且介于一三垒两界线之间，且非内野球员的正常防守区，其为比打球场的一部分。

球员方面术语

（1）失格球员

即是球员不得再参与竞赛，因为被裁判员驱逐离场。失格球员不得再度参与竞赛，否则被判"夺权竞赛"。

（2）首任球员

即是于竞赛前提交裁判长或司球裁判的打击次序名单的上场球员。

（3）主队

即是在自己球场上竞赛的球队。若在中立的球场竞赛时，应相互协议或抛硬币决定的。

技术类术语

（1）四坏上垒

即是击球员获得四个壤球时，裁判员给予击球员安全进至一垒。若投手有意投四坏球时，仅告知司球裁判即可，不必投球就可以保送击球员上一垒。

（2）击出的球

即是投出的球触及球棒，或被球棒击中之后，无论落在界内区或界外区者。

（3）打击次序

即是进攻队正式上场竞赛的球员名单，其球员必须依此次序上场打击，并且名单上必须记载各球员的防守位置及球衣号码。

（4）触击

即是击球员不挥棒击球，使击出的球缓慢的滚动于内野区域。

（5）接住球

即是防守球员用手掌或手套，合法的接住击出或传出的球。若用手臂抱或用身体与球衣的部分，保持球不落地，则非接住球，必须待球被握在手掌或手套内为止。若防守球员接着的瞬间直接碰撞其他球员或围栏或使球落地时，即非接住球。

相反，防守球员确实持球一段时间，然后无意或有意的使球离手，抑是传球时落球，则均为接住球。注：凡是正飞球触及防守球员以外的人或物时，均视为触及球场论。

（6）砍击球

（慢式）即是击球员持棒由上往下切击，使击出的球反弹得很高。

（7）垒包移位

即是离开其原定位置的垒包。

（8）双杀行为

即是防守队连续合法的刺杀2名进攻的球员出局。

（9）假触杀

即是防守球员无持球或未迎接球，而阻碍跑垒员的进垒或返垒的

行为。

(10) 飞球

即是为击出在空中飞行尚未落地的球。

(11) 封杀出局

即是击球员成为跑垒员时，造成击跑员或前位跑垒员丧失跑垒的权利，而刺杀出局者。

(12) 内野飞球

即是指内野球员容易接住的界内飞球，不包括平飞球或触击飞球，当在2人出局之前，有跑垒员占一二垒或一二三垒时才成立。投手、捕手或任何外野球员在内野区接球时，也视同内野球员接球处理的。

(13) 轴足

即是投手在投球时，蹬踢投手板的一足。

(14) 突袭投球

即是投手明显有意的趁击球员不备时，向其投球。也即是击球员刚进入击球区尚未取得击球姿势之前；或击球员刚挥棒之后，其身体还未稳定时，即刻再向其投球。

(15) 三杀行为

即是防守队连续刺杀3名进攻队的球员出局。

(16) 打击

即是击球员进入击球区起，继续至出局或成为跑垒员为止的行为。

(17) 暴投

即是投手投出过高、过低、或过于偏侧，致使捕手在正常的状态下，无法或未能挡住及控制的球。

规则类术语

(1) 申诉

即是在竞赛中或死球时，裁判员未接受防守球员、指导或教练请

求前，不得作出判决。申诉必须在投手投出一球之前提出，无论其投球合法与否。若在攻守交换或竞赛结束所有防守队员离开界内区时提出，则不予接受。若是防守球员提出申诉时，其必待在内野区。

（2）障碍球

即是击出或传出的球，被未参与竞赛的人触及、挡住、抓住或触及非正式竞赛用具，或非竞赛球场的任何物体。

（3）面授机宜

即当下列情况均可：

①防守队的面授　防守队得以任何理由要求竞赛暂停，裁判员允许防守队的代表进入球场，给予投手任何的授意。当防守队的代表进入球场，更换投手时，则非面授机宜。若是进攻队要求面授机宜，则防守队也可乘机面授，但是时间不得超过进攻队所用的时间。若教练从球员席出来，告知裁判员替补投手，则此为更换投手。更换之后，教练未到投手位置，则不视为面授机宜；

②进攻队的面授　进攻队要求竞赛暂停，其球队教练或球队代表得允许授意击球员或跑垒员。进攻队的投手上垒后，请求穿外套，或利用防守队的面授时，不视为"进攻队的面授"。若防守队要求面授机宜时，进攻队也可面授，但是时间不得超过防守队所用的时间。

（4）死球

即是竞赛中的停止球，必须待投手持球于投手圈内司球裁判宣告"开始竞赛"为止。

（5）界内球

即是击出的球为：

①停留　停留于本垒至一垒或本垒至三垒之间的界内区时；

②反弹　由界内区反弹过三垒包的上空或其后方界内区时；

③垒包　触及一二三的垒包时；

④衣服　触及界内区线的裁判员或球员的身体或其衣服时；

⑤落于　最初落于一、三垒包后的界内区时；

⑥越过　直接飞越过界内区的外野围栏时。

（6）界外球

即是击出的球为：

①停留　停留于本垒至一垒或本垒至三垒之间的界外区时；

②反弹　由一、三垒包之前反弹至界外区时；

③落于　最初落于一、三垒包之后的界外区时；

④异物　触及界外区上的裁判员或球员的身体、衣服或任何球场上的异物时；

⑤球棒　触及击球区内的击球员或其手持的球棒时。

界外飞球是依据接触球点和界线，包括界线的关系位置来判定，并非依据接球员的身体位于界内或界外而定。

（7）擦棒球

即是击出的球为：

①擦过　球擦过球棒之后直接被捕手接住；

②低于　球低于击球员的头部；

③接住　球是被捕手合法接住。

被接住的擦棒球为好球，应继续竞赛；慢式则为死球。除非球先触及捕手的手或手套，否则若自其身体或地上反弹后再接住，则不视为擦棒球。

（8）负险

即是竞赛进行中，显示对于进攻队的球员有可能被刺杀出局的状态。

（9）局

即是攻、守两队互换一次为一局。在进攻队 3 人出局时，即攻守互换，此乃一场竞赛的一个单位。

(10) 合法触球

即是防守球员确实持球于手中，触及未触垒包的跑垒员或击跑员。若非跑垒员故意碰撞落其手中的球，防守球员的球触跑垒员后球随即落地，则此触球无效。只要是用持球的手或持球的手套确实触及跑垒员即可。

(11) 合法接球

即是防守球员使用单手或双手确实接住击出或传出的球，而非使用帽子、护具、袋或球衣的其他部分接球。

(12) 阻碍

阻碍的行为即是：

①阻止 防守队的球员或其球队人员有阻止或阻扰击球员的击球；

②持球 防守球员未持球；

③防守 不在处理击出的球的防守动作；

④行为 非正在接传出的球时，阻挡正在进垒中的跑垒员或击跑员的行为。

(13) 滑过垒

即是进攻球员，试图滑进垒，因冲劲太大而超越过垒包，但未保持与垒接触，故处于危险之中。但是击跑员可以冲过一垒的垒包，若无进次垒的企图而立即返垒时，则无出局的危险。

(14) 传出场外

即是防守球员之间的传球为使各垒间离垒的跑垒员或未上垒的跑垒员出局，造成传出的球超出球场外或成为障碍球。

(15) 漏捕

即是投手合法投出的球而捕手在正常状态下，可以接住或挡住的但结果却漏接了。

(16) 盗垒

即是乘投手投球给予击球员时，跑垒员企图进垒的行动。

(17) 好球带

①快式垒球　指击球员在正常打击站立姿势下，在其腋部以下至膝部以上的高度，并在本垒板平面上的任何部分空间的内；

②慢式垒球　指击球员在正常打击姿势下，在其肩背部以下至膝部以上的高度，并在本垒板平面上的任何部分空间的内。

8. 垒球运动的基本技术

垒球运动的基本技术包括传球、接球等方面。

正确握法

球的握法可分为投手的握法与各野手的握法。

(1) 投手握球

投手握球的正确方法是随着球的质量、利用球的缝合处而变换手指的位置来投球的。

(2) 野手握球

各野手的基本握球法是用手指与球的缝合处相互垂直的握法。

(3) 技术要领

①手较大的选手　食指与中指的第一个关节与球的缝合处相垂直；

②手较小的选手　食指、中指以及无名指的第一个关节与球的缝合处相垂直；

③要轻松的撑球　姆指与小指要紧撑着球；

④要轻松的握球　不可把球紧贴于手掌心，要轻松的握球；

⑤要把球握稳后　各野手一旦接到球再传球时，无法意识到球的缝合处，此时最重要的乃是把球握稳后迅速传出。

传球技术

(1) 分类

一般传球的方法可分为高肩、即上手投法、侧，即横手投法、低肩，即下手投法，还有轻投法。

（2）动作

采用高肩投法时上体保持少许立姿，球从高肩投出，投球时要充分利用腕力。侧投时上身略偏横侧，用手腕从横方向把球投出。

（3）要领

①回转　传球最好使用高肩投法，使球做纵向的回转；

②跨出　使用右手传球时，左脚必先朝投球的方向跨出一步；

③传球　按对方的最后示意传球；

④圆弧　投球　动作要小，投球速度要快；

⑤中心　轻投时以肘或肩为中心，作小的圆弧运动迅速传球；

⑥呼吸　传球时应先深呼吸，当右手投出球时，左手与右手作相反动作；

⑦缩回　传球时手腕由后方向前方运动，球投出后要迅速缩回。

接球技术

接球技术包括不落地的接球、落地的接球等几个方面。

（1）不落地接球

①正面的接球技术要领：

注视　接球者要注意投球者使用腰、腕的动作，并且要随时注视着所投出的球回转与进行方向。

跨出　面对投出的球的方向，张开手套，脚成直角跨出；

接牢　接球时必须在手套的正中央，并发出清脆响声。若接球时球碰到手套的指尖或网饰的部位，很容易造成球的空转而使接球者不易接牢；

准备　将球投出的选手，必须随时做接球的准备动作，如此可避免球的漏失，进而使接球、传球之间的动作非常迅速；

冲击 接球后为了减少球的冲击，要稍微弯曲手肘，并向胸部收回；

②左右方向的接球技术要领：

敏捷 投出的球偏向左右方时，要尽可能跑到球的正面去接球，两腿的运动要迅速敏捷；

单手 若球偏得太厉害而无法做到用两手去接球时，必须以单手接球；

张开 使用单手接球时，不可半途而废的伸出手套后又缩回，只要确实张开手套接球即可；

③注意事项：

放入 为了完成无缺点的接球及避免危险事情的发生，最好将五根手指全部放入手套内；

手表 不要戴着手表接球；

传球 对于接球者进行不落地的投球时，投球者必须向接球者手套的正确位置传球，如此才可使接球者方便接球。

（2）落地的接球

①分类 落地接球大致区分为近距离落地接球，中距离落地接球及长距离落地接球。所谓近距离落地接球，就是球落地后，没有造成丝毫弹起的空间即被接住；

所谓中距离落地接球就是在球第一次落地后到第二次落地前二分之一的距离处把球接住。而长距离落地接球则是在接近第二次落地时接球。此三种以长距离落地接球最易接，其次为近距离落地接球，最难接的是滚地球，也就是中距离落地接球；

②技术要领：

弹起 接近距离落地球时，手套应由下朝上以防止球落地后弹起而漏失；

挡住 接中距离落地球时，膝盖要充分落地，采取低姿势，根据球进行的速度与高度，使手套朝上或朝下，且接球时的位置要保持身体的正面接球，若无法以手套接球时，可用身体挡住球；

接球　接长距离落地球时，眼睛要完全盯住球落地后的进行方向，采取低姿势，手套朝下去接球；

③注意事项：

滑落　接近距离落地球时，对于初学者来说，往往会使手套从上方盖住弹起的球，如此会使球在瞬间自手套滑落，应尽量避免此现象的发生；

避免　接中距离落地球时，对初学者而言，往往不能够妥当处理落地后的球，造成上身挺起、身体上抬，球因此而滑落，此种可能性极大，应避免。

（3）滚地球接球

滚地球的接球飞技术要领：

①姿势　对于滚地球要采取低的姿势；

②移动　手套要放在低的位置，随着接球的地点，由下向上移动去接球；

③接住　两眼要盯着这个球，直至手套接住为止；

④正面　对于滚地球，必须要迅速且保持身体正面去接球。

（4）高飞球接球

高飞球的接球的技术要领：

①距离　从守备位置到高飞球落下的地点，必须跑最短的距离；

②左右　对于后方的高飞球，可以从左方或右方去接；

③落点　因初学者无法正确掌握住球的落点，往往会跑得相差两三步，所以要学习正确的掌握球的落点。

击球技术

（1）方法

击球有三种方法：挥棒击、执棒触击、执棒推击。

（2）事项

①姿势　挥击时，双手靠拢，前肘离身，小臂拉平，后肘不宜过于贴身，双足稍分立，挥棒时前脚伸踏不要过大，以免影响挥棒的准确性，甚至妨碍下一步的起跑；

②力量　挥棒力量主要靠后蹬，转体，拉臂，甩腕。力量大的多用直臂挥击姿势，争取打出本垒打；

③转体　为了安全上垒，采用转体甩腕，双臂稍曲的动作，做到下棒快，棒轨短，打出迅猛而平直的安打球；

④迈出　击球后要利用挥棒的力量迅速迈出一步。

投球技术

世界各国垒球投手的低手投球法多采用以下三种姿势，即后摆、绕环和弓式。

（1）后摆

起动投球时，持球右臂随转体直接后摆至身后与肩平或高过肩，随左脚伸踏、向前转体和右脚蹬板将右臂急速用力前送，通过体侧时用力甩臂、扣腕、拨指将球投出。"8"字是后摆技术的发展，摆臂动作是"8"字形，后摆幅度大、出手低、自然上升并以大角度斜线球为特点。

（2）绕环

起动投球时，右臂随左脚伸踏由前向上经过头顶继续向后绕环，左臂下落前摆在投球出手瞬间，小臂碰触胯部，突然制动以使球加速，手指使用不同的拨球方法投出各种不同的变化球。这种投球法风靡世界。

（3）弓式

这种投球法，后摆过头，落臂前摆近似绕环投法，因呈"弓"形

而得名。投球的变化，关键在于使用不同的握球方法、扣腕、拨指和甩臂技术，使球体在飞行中产生不同的旋转。例如，投下坠球就要使球体向飞行方向作由上向下的旋转，投上升球则与其相反。投曲线球就要使球体向左或向右旋转。投飘球则使球体在飞行中不旋转，利用气流的作用，使球在前进中慢慢晃动，以此迷惑击球员难以果断挥。

9. 垒球运动的基本战术

垒球基本战术包括击球次序、进攻战术和防守战术。

击球次序

（1）次序的重要性

进攻方需要排好击球次序，因为棒球竞赛中不允许击球员随意击球，如果发现没按次序的，直接出局。所以一队9个人，就要排出一个9人的次序，依次轮击。

（2）次序战术

①满垒　垒球竞赛中，一般第一棒是出棒欲望最强的，并且安打率高，自己能安全上垒，然后第四棒是强棒，通常是长打，其击球水平很高并且能打很远。因为这个时候如果本方进攻好，前3个人都能上垒，满垒，一支长打可以得很多分；

②代打　6棒也较强，而投手和捕手会放在后面，通常是8棒和9棒，因为这两个人要充分休息，而且赛事还允许投手有代打，自己不需要打击，由本队另一个人专门代为打击。

进攻战术

进攻技术一般是按照全队所规定的战术及教练临场发的战术暗号进行，常用的进攻战术有：

（1）观察

等一个球战术，即投手投来的第一个球，不击，以观察投手的动作及实力。

（2）迎击

积极迎击第一个球，以达到攻其不备的目的。

（3）进垒

击出高远球准备牺牲自己促使同队进垒得分。

（4）双杀

打了就跑战术，即把球击到1垒跑垒员身后的空隙地带，使其他跑垒员安全进到2垒或抢到3垒，破坏对方企图制造双杀的机会。

（5）击球

跑了再打战术，即跑垒员先偷垒，击球员随后击球。

（6）牺牲

触击牺牲打击球员用触击将球击向1垒或3垒，击出地滚球引诱守队"杀"1垒，击球员牺牲自己，使同队进垒或返回本垒得分。

防守战术

垒球须全队密切配合，及时移动补位和进行掩护，以防止攻队进垒或得分，常用的战术有：

（1）封杀

接球后传1垒封杀击跑员。

（2）双杀

双杀战术　接球后传到最近垒位封杀跑垒员，随即传球到1垒封杀击跑员造成双杀。

（3）垒间

夹杀战术　守队互相配合传球，截杀在垒间的跑垒员，逼赶跑垒员退回原垒并乘机在垒间触杀的。

（4）拦截

防止双偷垒战术　由接手指挥行动，由游击手，2 垒手或投手作中间策应拦截接手传 2 垒的球，再传回本垒，截杀 3 垒跑垒员。如 3 垒跑垒员不抢回本垒，即由守 2 垒的队员接球，截杀 1 垒跑垒员。

（5）投出

变幻投球战术　投手针对击球员不同弱点，投出不同的球，如快速球、变速球、曲线球或下堕球等，使击球员无法击中来球，造成出局。

（6）补位

缩小防圈战术，为了防止击球员采用牺牲触击球战术，缩短防守距离，明确本垒前各区有人负责截接球，其余各队员应移动补位防守。总的来说，在垒球竞赛中，不论是攻或守均应有统一指挥，统一暗号，平常训练时反复运用，竞赛时才能配合默契，应用自如。

10. 垒球运动的基本规则

垒球是一种以两支队伍交替击球和接球的竞赛项目。在竞赛中，每一个步骤和环节都有相应的规则。

竞赛一般规则

（1）攻守的确定

除主办单位有所规定外，攻守的选择应以掷硬币决定。

（2）状况的认定

球场状况是否适宜进行竞赛，由司球裁判决定。

（3）竞赛的局数

正式竞赛为 7 局。具体规则如下：

①多于　如果先守队在第七局上半局或在最后一局下半局 3 人出局以前，其所得分数多于先攻队时，则不必赛完第七局；

②相等　赛完第七局得分相等必须继续竞赛，直至一队在同一局中得分较多或先守队在下半局中得分多于先攻队时，竞赛即告结束；

③宣布　因天色黑暗、下雨、火灾、惊扰或其他原因致使观众或球员发生危险时，若已赛完5局或5局以上双方胜负分明，或先守队未完成第五局下半局或五局以上而得分已多于先攻队时，则由裁判员宣布截止竞赛。裁判员有权在这种情形随时宣告竞赛停止是为正式竞赛。

④宣判　如果赛完5局或5局以上得分相等，或先守球队在未完成后半局而得分与先攻球队相同时，应宣判为平分竞赛；

⑤更换　当竞赛成为无效，或平分时，均应重新开始竞赛。重新竞赛时，其上场球员名单可以更换。

上述规定部分球员或观众行为而造成时，不适于宣布"夺权竞赛"，但如任何球队人员或观众对裁判员身体有攻击行为时，裁判员即可宣布"夺权竞赛"。

（4）夺权竞赛

裁判员对于违犯下列情形的球队，应宣判为"夺权竞赛"：

①时间　若球队未能遵守大会《秩序册》规定时间到场，或拒绝在规定时间内上场竞赛者；

②拒绝　开始竞赛以后，若非裁判员宣告"停止竞赛"或"竞赛结束"时，拒绝继续竞赛者；

③继续　裁判员在决定竞赛暂停后，再次宣告"开始竞赛"时，若在两分钟内未能继续竞赛者；

④技巧　若使用各种技巧明显地延误或加速竞赛者；

⑤违犯　经裁判员提出警告后，若故意再违犯规则者；

⑥履行　球员于被判离场后，未能于1分钟内履行者；

⑦由于裁判员判球员退场或其他任何原因，致使球队不足9名（快式），10名（快式附有指定球员），或10名（慢式），上场竞

赛者。

（5）优胜的认定

在正式竞赛中所得分数较多的球队为优胜。

①提前　正式竞赛的得分即是赛完最后一局所得的总分。若先守队得分多于先攻队时，最后半局不必赛完，即可提前结束；

②重新　正式竞赛的平分，即是竞赛结束得分相等。正式竞赛平分后，应重新开始竞赛；

③得分　夺权竞赛的得分是给予无过失的球队，应判为 7：0 获胜。

（6）得分

①踏触　跑垒员在一局中第三出局之前，合法的依序踏触及一二三垒及本垒者，即得 1 分；

②下列情形，在一局中为第三出局时，得分无效：

出局　击球员至一垒前，被判出局时；

封杀　击球员上一垒，却造成跑垒员封杀出局时；

离垒　（快式）投手向击球员投球，球离手之前跑垒员离垒时；

投出　（慢式）投手向击球员投出的球，在未到达本垒板前或未经击球员打击前，跑垒员离垒时；

被判　前位跑垒员被判出局时。

（7）指导限制

①面授　在一局中，球队教练或其球队代表，只能与击球员或跑垒员面授机宜二次。裁判员于一局中，也不允许两次以上的面授机宜；

②罚则　教练或指导坚持要再一次面授机宜时，则判驱逐离场。

投球规定（慢式）

（1）位置

投手位于投球位置必须双足平稳地落地，同时以单足或双足踏触

于投手板上，但是不得超出投手板两端。于投球时无论是轴足或非轴足，两足均必须位于0.6米宽的投手板围内。

①投手于投球前，必须以单手或双手于握球体前完全静止状态，并且必须以身体的正面朝向击球员。

②投球前的静态姿式，必须至少维持一秒钟，至最多不超过十秒钟。

③除捕手已就位准备接球外，否则不得认为已就投手位置。

（2）手臂

投手可以采用任何挥臂姿式投球，但必须先是静止状态。轴足必须保持与投手板接触直至投出的球离手。

（3）移动

投球时可以不跨步，也可以向前或向后跨出一步，但是均不得超出投手板宽度0.6米的范围。

（4）投球

合法的投球，必须采用低手动作投球给击球员。

①球速　投手应将球以适当的速度投出，球速适当与否则由裁判员决定。若是球速太快，裁判员应予警告。若再犯时，即应更换投手，继续竞赛；

②低于　握球的手掌必须低于臀部的下；

③球路　投手投出球的弧形球路至少应离地面2米，同时其最高点也不得高出地面3.5米；

④位于　捕手必须位于捕手区内，直至所投出的球被击中或是到达本垒板为止；

⑤传回　除非是三好球出局或被捕手刺杀出局之后，捕手均应于每一投球后，直接将球传回给投手。投手则必须于20秒钟内投出次一球；

⑥投出　投手必须在10秒钟内或裁判员宣告竞赛开始之后，投出

一球。罚则：给予击球员一个坏球。

（5）挥臂方式投球

投手在下列情况，可采任何挥臂方式投球：

①投球　投手不得做任何投球动作，除非是立即投球给予击球员；

②连贯　投手的挥臂动作必须连贯；

③停顿　投手向前挥臂的动作，中途不得停顿或逆转；

④手臂　投手向本垒投球时，其手臂第一次向前摆过臀部就得将球投出；

⑤投手球离手之后，则不得再做绕臂动作。

（6）与手接触限制

投手在竞赛中，不得在投球手掌或手指上粘贴胶布或其他物质，也不得在球上粘贴异质。

（7）足蹈触投手板

投手就投球位置，以一足蹈触投手板而作投球准备，则不得再传球给任何垒的防守球员。投手可向后退出投手板，不得向前或由两侧退出，否则视为违规投球。

（8）阻挡球员视线

防守球员挡住击球员的视线或故意违反运动风度的行为干扰击球员，也判违规投球。违者驱逐离场。无论投出球与否，均视的。

（9）宣判投球无效

下列情形，宣判投球无效：

①停止　在竞赛停止中投手投球时；

②离垒　跑垒员于投出的球到达本垒板或被击中球之前离垒，被判出局时；

③死球　投手在宣判界外球为死球之后，跑垒员尚未返垒之前即投球时；

④滑出　投手向前或向后挥摆投球，而球由手中滑出时；

⑤违规　在竞赛进行中，球员、指导或教练均不得请求暂停，或使用其他言语，或任何明显的意图，促使投手违规投球时。

击球规则

（1）击球要求

击球员必须立于击球区内，准备打击。

①踏出　击球员击中球时，足掌不得完全踏出击球区边线外或踏触本垒板；

②移至　投手已在投球位置准备投球时，击球员不得横过捕手前方，移至另一击球区；

③违规　击球员不得持用违规球棒进入击球区；

④变造　击球员不得持变造球棒进入击球区；

⑤准备　司球裁判宣判竞赛开始后，击球员必须在10秒钟内做好击球的准备。

（2）击球次序

进攻队每位球员的打击次序，应按其名单的姓名次序。

①提交　各队打击次序，必须其名单在开始竞赛之前由教练或队长提交司球裁判核查，然后再转交对队的教练或队长检视；

②遵守　提交裁判员的打击次序，除在竞赛中有更换外，球员必须始终遵守。若有更换时，该替补员必须替代其原有的打击次序位置；

③首位　每局的首位击球员，为前局末位完成打击的击球员的次一位球员。

（3）错误罚则

打击次序错误时，防守队的教练、指导或球员均可以提出申诉。

①错位　若错位击球员正在打击之中被发现时，应立即更正并由正位击球员继承的。其已得的球数、得分、进垒等均为有效；

②申诉　若错位击球员已完成打击，而投手尚未向次一位击球员

投球之前而被发现时，可向裁判员提出申诉，则判正位击球员出局；

③返垒　因错位击球员的安打、失误、四坏球、触身球或其他原因，而使跑垒员得分或进垒，均为无效，跑垒员必须返垒；

④首位　被判出局的正位击球员的次一位球员即为次位击球员。被判出局的球员如为第三人出局者，则正位击球员的次一位球员即为次一局的首位击球员；

⑤有效　若错位击球员已完成打击，而投手已向次位击球员投球之后被发现时，则该错位击球员的打击为合法，所得分数及所进的垒均为有效。错位击球员的次一位球员即为合法的次位击球员，其未上场打击和未判出局的轮空的球员，仅失去该次轮值打击的机会，至再次合法打击次序时，始得上场打击；

⑥合法　正位击球员成为跑垒员时，不必离其垒位，仅丧失该次轮值击球机会。其次位击球员为合法的击球员；

⑦球数　一局中击球员未完成打击行为之前，造成第三人出局时，则该击球员也为次一局的首位击球员，同时其已得的球数均不予计算；

（4）阻挠限制

①阻扰　击球员不得踏出击球区外，阻扰捕手的传球或接球；

②故意　击球员在击球区内也不得故意妨碍捕手接球；

③妨碍　进攻队的球员不得妨碍防守球员迎接界外飞球。

（5）二次触球

击球员不得在界内区中，再度以球棒第二次触及所击出的界内球。例外：若击球员仍立于击球区内时，则为界外球，即使击出的球在界内区上二度触及其手持的球棒。

罚则：

①死球　为死球；

②出局　判击球员出局；

③进垒　跑垒员不得进垒。

（6）宣判好球

下列情形，司球裁判宣判好球：

①冒险　（快式）合法投出的球其在触地之前，任何部分经过好球带，而击球员未挥棒击球时，竞赛继续进行，跑垒员可冒险进垒；

（慢式）合法的投球在触地之前经过好球带，而击球员未挥棒击球，若所投的球触及本垒板，而同时又未挥棒击球时，则不得视为好球。任何投出的球在落地或触及本垒板之后，击球员挥棒击球，均为无效，为死球；

②击空　（快式）合法的投球被击空时，继续竞赛，跑垒员可冒险进垒；

（慢式）击球员对投出的球挥棒击空球时。任何投出的球在落地或触及本垒板之后，击球员挥棒击球均为无效，为死球；

③进垒　捕手接住擦棒球时，（快式）继续竞赛，跑垒员可冒险进垒。若为第三好球，则判击球员出局；

（慢式）若为第三好球，则击球员出局，任何好球均为死球。

（7）宣判坏球

下列情形，司球裁判宣判坏球：

①冒险　进垒　投出的球未通过好球带或在本垒板前落地，而且击球员未挥棒击球时，（快式）竞赛继续，跑垒员可冒险进垒，（慢式）为死球，跑垒员不得进垒；

②进垒　投手违规投球时，快式）为死球，跑垒员可安全进第一个垒。（慢式）为死球，跑垒员不得进垒；

③触及　（慢式）投手投出的球未经过好球带而触及击球员时；

④传回　捕手接住投出的球后，未直接传回给投手；

⑤投出　投手在20秒钟内未投出球时；

⑥进垒　超过投球练习球的次数时，（快式）为竞赛继续，（慢式）为死球，跑垒员不得进垒；

（8）界内球

下列合法击出的球，为界内球：

①内区　停留于本垒至一垒或本垒至三垒的界内区时；

②反弹　落地反弹过一三垒包的上空或其后方界内区时；

③触及　触及一、二、三垒的垒包时；

④身体　触及界内区的裁判员或球员的身体或其衣服时；

⑤落于　落于一三垒包后方的界内区时；

⑥围栏　直接飞越过界内区内的外野围栏时；

⑦越过　从界内区的上空直接越过距离本垒：（快式）女子60米，男子80米；（慢式）女子75米，男子85米的围栏至看台时，即为全垒打。若飞越距离未达上述的规定距雕时，则仅得二垒打；

⑧界线　飞球直接触及围栏高度以上的界线时，则为全垒打。

（9）界外球

下列合法击出的球，为界外球：

①停留　停留于本垒至一垒或本垒至三垒间的界外区时；

②反弹　由一三垒包之前反弹至界外区时；

③落于　落于一三垒包之后的界外区时；

④触及　触及界外区上的裁判员或球员的身体、衣服或任何球场上的异物时；

⑤球棒　触及击球区的击球员或其手持的球棒时。

（10）击球员出局

下列情形，击球员出局：

①触及　当第三好球击空，而击球员身体触及投出的球时；

②违规　当发现击球员持"变造球棒"于击球区内时，判违规击球员驱逐离场；

③接住　（快式）当第三好球被捕手接住；

④击空　（快式）当两人出局之前，一垒有跑垒员，第三好球击

空时；

⑤接住 （快式）当第三好球，触击成界外球时，若是被合法接住，则竞赛继续；

⑥界外 （慢式）当宣判"第三好球"时，包括第二好球之后，未被接住的界外球；

⑦砍击 （慢式）当触击或砍击投出的球时。

(11) 次击球员

①名次 次击球员即进攻队的球员，其打击次序名次列于正位击球员的次位者；

②接近 次击球员必须在接近于本队球员席的次击球区内；

③奔进 次击球员于下列情况，可以离开次击球区：当其成为击球员时，指示跑垒员从三垒奔进本垒时；

④出局 次击球员妨碍防守球员在防守本垒板附近刺杀跑垒员时，判跑垒员出局；

⑤规则 次击球员因相关规则规定适用于申诉时。

跑垒规则

(1) 合法循序触垒

跑垒员必须合法循序触垒，如一二三及本垒。

①触垒竞赛进行中，跑垒员必须返垒时也必须循逆序触垒；

②接触 跑垒员出局之前，必须与垒包接触，保障占有该垒的权利，继续至进次垒、或被迫让给后位跑垒员；

③定位 跑垒员将定位的垒包撞开时，该跑垒员或同一连续动作之后位跑垒员，不必接触已离位的垒包；

罚则：②③竞赛继续，跑垒员也可冒险进垒；

④扰乱 跑垒员不得扰乱防守球员或作弄竞赛，而逆序跑垒；

罚则：为死球，跑垒员出局；

⑤占有　两名跑垒员不得同时占有同一个垒；

罚则：前位跑垒员，有权合法占有该垒，后位跑垒员被触球而告出局；

⑥资格　空过垒或提早离垒而被判出局的跑垒员，并不影响依序触垒之后位跑垒员资格。但被判出局的跑垒员，为该局的第三出局者时，其后位跑垒员得分无效；

⑦得分　后位跑垒员已进本垒得分，则前位跑垒员，即不得补触空过的垒或提早离开的垒；

⑧空过　死球之后，跑垒员空过垒或提早离垒而到达次垒者，均不得补触空过的垒，即使在球复活之后也同；

⑨返回　跑垒员一旦进入休息区域球员席，即不得返回补触空过的垒或提早离开的垒；

⑩合法　给予四坏球安全进垒时，所有的跑垒员必须合法触垒；

⑪路线　接住飞球时，提早离垒的跑垒员，必须依原路线返回触垒；

⑫次序　给予进垒时，也必须依正常次序触垒。

（2）击球员成为击跑员

①界内　一旦击出界内球时；

②规则　（快式）当二人出局之前，一垒无跑垒员，或二人出局，无论任何情形，捕手未能接住第三好球时均可进垒，此谓第三好球规则；

③球触　当界内球触及界外区的裁判员身体或衣服时；

罚则：①②③竞赛继续，击球员成为击跑员并可冒险进垒；

④当裁判员宣判四坏球时；

罚则：（快式）除非是障碍球，否则竞赛继续，击球员安全上一垒。但必须立于垒包上；

（慢式）为死球，除非被迫进垒，否则跑垒员不得进垒，若投手

有意投四坏球时，仅告知司球裁判即可，不必投球就可保送击球员上一垒。若同时有两位击球员，则第二位必须等待第一位被送上一垒之后，再轮至第二位；

⑤动作　当捕手或其他防守球员阻碍或阻止击球员的击球动作时；

罚则：为死球，击球员上一垒。除非被迫进垒，否则跑垒员不得进垒；

⑥触及　当界内球触及界内区的裁判员或跑垒员的身体或衣服时，若跑垒员在垒包上被界内球触及则不判出局；

罚则：当击出的球触及裁判员或跑垒员时：触及内野球员，含投手后，则竞赛继续；

在通过投手以外的内野球员后，则竞赛继续；

在通过内野球员之前触及跑垒员或裁判员时为死球，判该跑垒员出局，击球员安全上一垒，除非击跑员被迫进垒，否则所有跑垒员必须返回原垒，但裁判员判断内野球员无机会处置除外；若该跑垒员站在垒包上被球触及，则依裁判员判断，内野球员能否处置而决定死球或竞赛继续；

⑦视为　（快式）击球员位于击球区内，无击球动作或非好球时，而身体任何部分或衣服被投出的球触及，即使被地面反弹后触及也同。击球员握棒的双手不得视为球棒的一部分。

（3）冒险进垒

下列情形，跑垒员可冒险进垒：

①离手　（快式）当投手投球给予击球员，球离手时；

②阻碍　当球被传至界内或界外，而未被阻碍时；

③界内　当球被击至界内区，而未被阻碍时；

④触碰　当合法接飞球的最初触碰球时；

⑤界内球通过除投手外的内野球员，或触及包括投手的内野球员，然后触及裁判员或跑垒员时，竞赛继续。

（4）丧失权利

下列情形，球员丧失安全的权利：

①出局　竞赛进行中，跑垒员离垒，企图进次一垒时。若击跑员进一垒出局，或其他跑垒员被迫进垒而出局时，均谓为封杀出局；

②前进　击跑员踏过一垒后，若企图继续向二垒前进时；

③撞开　击跑员撞开垒包后，若企图再进次一垒时。

（5）必须返垒

下列情形，跑垒员必须返垒：

①违规　当裁判员宣判界外球而被违规接住时；

②宣判　当裁判员宣判违规击球时；

③占有　当击球员或跑垒员因妨碍而被判出局时。其他跑垒员依裁判员的判定，必须返回发生妨碍的该跑垒员所占有的地；

④妨碍　（快式）当捕手拟传球中，被司球裁判的身体或衣服妨碍时；

⑤触及　当击球员击空，投出的球触及击球员的身体或衣服的任何部分时；

⑥进垒　当击球员被投出的球触及而非被迫进垒时；

⑦接住　当界外球未被接住时。

（6）击跑员出局

下列情形，击跑员出局：

①触杀　（快式）当捕手未接住第三好球，在击跑员到达一垒前，被防守球员持球触杀时；

②到达　（快式）当捕手未接住第三好球，在击跑员到达一垒前，而球已先传至一垒时；

③持球　当击出界内球之后，在击跑员到达一垒前，被防守球员持球触杀时；

④身体　当击出界内球之后，在击跑员到达一垒前，先被持球的

防守球员身体的任何部分先触及一垒时；

⑤接住　击出飞球之后，在球落地或触及任何物体之前被防守球员接住时；

⑥转回　当击出界内球、四坏球、三好球捕手接落之后，（快式）而未跑至一垒，即转回球员席内时；

⑦米线　当击跑员跑出1米线外，裁判员认为有妨碍防守球员向一垒传球时。但是击跑员为回避防守球员迎接击出的球时，得跑出米线之外；

⑧判断　当跑垒员故意妨碍防守球员迎接击出的球或传出的球。若裁判员判断该妨碍，很明显的有做人阻扰双杀出局时，则最近本垒的跑垒员被判出局。

（7）跑垒员出局

下列情形，跑垒员出局：

①离开　当任何跑垒员进垒或返垒为了闪避防守球员持球触杀，而离开垒间线1米以上时；

②触杀　当竞赛进行中，跑垒员未触垒包而被防守球员持球触杀时；

③进垒　当跑垒员被迫进垒时，在到达次一垒之前，被防守球员先持球触及次一垒而出局时。若跑垒员触及次垒之后，不论任何理由必须离开该垒或退回原垒者，则再度形成被迫状态；

④返回　当竞赛停止后再恢复竞赛，而跑垒员未能返回踏触原垒时；

⑤越过　当后位跑垒员越过尚未出局的前位跑垒员时；

⑥传回　当跑垒员进垒时，防守球员接住击出的飞球，在跑垒员返垒之前传回给垒上的防守球员，该防守球员持球触垒、或触杀该跑垒员时；

⑦空过　当竞赛进行中，跑垒员进垒或返垒时，若有空过一个或

数个垒包，则防守球员持球触杀其空过的垒包，或离垒的跑垒员时；

⑧持球　当击球员合法越过一垒后，企图再进第二垒而离垒被持球触杀时；

⑨申诉　当跑垒员跑进或滑进本垒，未踏触本垒板也未返回触垒，而防守球员持球触及本垒板，并同时向裁判员提出申诉时。

死球及继续竞赛

（1）死球

下列情形为死球、停止竞赛：

①违规　当违规击球时；

②跨至　当投手准备投球，击球员由一击球区跨至另一击球区时；

③无效　当违规投球时；（快式）若投手已投球离手，而击球员已击中球上一垒，同时所有的跑垒员也至少各进一个垒时，则违规投球无效，竞赛继续。（慢式）若击球员挥棒击中违规的投球，则违规投球无效，竞赛继续；

④宣判　当宣判"投球无效"时；

⑤触及　当投出的球触及击球区内的击球员身体或衣服的任何部分时，不论击球与否；

⑥接住　当界外飞球未被接住时；

⑦出局　当跑垒员违规离垒被判出局时；

⑧当进攻队有妨碍时：当击球员故意第二次击球或抛球棒击球，或在跑向一垒的途中用任何方式改变球路时；

⑨越出　当球越出球场的外，而触及人、地、物时；

⑩代行　当跑垒员发生意外事故，未能完成裁判员所给予的垒数，而由替补员代行的时；

⑪妨碍　当击球员或防守球员发生妨碍时。

（2）继续竞赛

下列情形为继续竞赛：

①宣告　当竞赛开始及每半局的开始，投手持球于投手板上，而司球裁判宣告"竞赛开始"时；

②引用　当"内野飞球"规则被引用时；

③停留　当传出的球通过防守球员后，停留于竞赛的场内时；

④通过　当界内球通过或触及内野球员后，再触及在界内区的裁判员或跑垒员时；

⑤触及　当界内球触及在界外区的裁判员时；

⑥到达　当防守球员违规迎接击出或传出的球后，而跑垒员已到达所给予的垒上时；

⑦越过　当跑垒员因越过前位跑垒员，而被判出局时；

⑧阻碍　当跑垒员受到阻碍，而竞赛行为尚未告一段落时；

⑨出界　当合法击出界内球时。

（3）延迟死球

当裁判员发现下列 6 种违规的现象时，其承认竞赛告一段落之前，均为活球。

①违规　违规投球时；

②捕手　捕手的阻碍时；

③妨碍　（快式）司球裁判的妨碍时；

④阻碍　阻碍时；

⑤触及　抛弃的器具，被传出的球或界内的击出球触及时。

（4）暂停竞赛

①可视　裁判员可视情形，认为必要时可以暂停竞赛；

②清除　司球裁判欲清除本垒板或履行与竞赛无直接关系的其他事务，而离开其位置时，此时可以暂停竞赛；

③正当　裁判员认为击球员或投手有正当理由而离开其位置时，此时可以暂停竞赛；

④动作　投手已开始投球动作，裁判员不得宣告暂停；

⑤受伤　球员受伤时，必须待继续进行中的动作告一段落，或跑垒员已到达获得的垒上时，始得宣告暂停；

⑥要求　任何球队在竞赛进行中，动作尚未告一段落之前裁判员不得接受球员、指导或教练的要求，而暂停竞赛；

⑦段落　（慢式）裁判员认为竞赛已显然的告一段落，必须宣告暂停。

第二章

台球运动的竞赛与裁判

1．台球的发展历史

现代台球运动至今已有五六百年历史，经过几百年的发展，它已经演变成为一项非常成熟，非常招人喜爱的运动。

台球的起源

台球究竟起源于哪国？有的说是古希腊，有的说是法国，有的说是英国，也有的说是中国，意大利和西班牙等众说纷纭，其实都是根据传说，所以很难肯定。但是，台球起源于西欧是无可争辩的事实。

（1）起源英国说

最早的台球运动可以追溯至14世纪英国的英格兰维多利亚女王时代，当时台球活动非常受人们的重视，在一些富豪家庭里，不仅有豪华讲究的台球间，而且在进行打球活动时，还有严格的活动礼节，有的规定至今仍在沿用。如在打球时有客人来，必须轻轻开门入室，不得高声谈话和喧叫，以免影响打球人的沉静思考。又如在打球时，可以要求对方不要正面对着自己或靠近自己站立，不允许随便挥舞球杆等不文明的举动等。台球是一种高雅的活动，现在台球厅、室，也都有类似的不许高声喧哗和吸烟等明文规定。

（2）起源法国说

1510年台球出现在法国，法国国王路易十四在凡尔赛宫玩的台球是"单个球"，在桌上放一个用象牙做的拱门和一根象牙立柱叫"王"，用勺形棒来打球，把球打进门或碰到便可行分。

由于法王路易十四的御医建议国王餐后做台球活动，有利于健身因此得到法王喜爱和关心，所以在17世纪，台球在法国逐渐风行起来，这可能就是台球起源于法国的根据。

世界台球的发展

自从台球出现至今已有几百年的历史，并不是一出现就尽善尽美，

而是在长期流传中经过人们的不断改进丰富，现已达到了比从较完善的程度。

（1）设备完善

最早的台球，桌面上只有两个白球，之后法国觉得缺少挑战性，就增添了一个红球并改进打法。再往后英国人又将其发展成为在今天十分流行的落袋台球。

（2）组织机构

1940 年成立了世界台球联盟，是国际台球活动的组织机构，总部设在比利时的首都布鲁塞尔，行政中心设在西班牙的巴塞罗那。世界台球联盟负责世界性的台球竞赛。全世界许多国家都开展有台球活动，并建立有台球协会。加入世界台球联盟的国家已有 30 多个，都是该联盟的会员国。

（3）种类增加

现在的台球已发展成多种多样：有俄式落袋台球、英式落袋台球、开伦台球、美式落袋台球和斯诺克台球，其中斯诺克最为普遍，而且被官方认可，已成为一项竞赛项目。

中国台球的发展

（1）台球进入我国

台球最早传到亚洲的国家是印度和泰国，后来是日本，传入中国是在 19 世纪清朝末朝。解放前，只有大使馆、租界地和北京、上海、广州、哈尔滨、沈阳等几大城市私人开办的小规模的台球厅室，只有几张球台。

（2）解放前后发展

解放后，在上海有蔡国纪和新鑫两家小厂生产制造球台，终因刚刚解放不久，根据当时群众的经济生活状况，参与台球活动为时尚早。因此，仅仅维持几年就结束了。

（3）后期的发展

现在伴随着经济建设的迅速发展，台球也和其他运动一样得到普及发展，大中城市许多体育场馆、俱乐部、娱乐中心、大宾馆、饭店都没有台球厅、室，许多大中小村镇，大街小巷遍布台球设摊。

1986 年我国成立了中国台球协会，各省市也相继成立地方的台球协会。1960 年举办了第一次全国台球赛。1985 年又在天津和上海先后举办了第二次全国台球邀请赛。1986 年 11 月又举办了第二次全国台球邀请赛。特别是 1987 年 3 月 5 日至 8 日，在北京举行的健牌杯中国国际台球大赛，可以说是一次世界台球第一流名手云集的大赛，美国有 8 位世界台球高手和中国 8 位选手参加竞赛。通过这次电视转播，全国约有一亿观众欣赏了这次高水平转播，在我国掀起了一股台球热。

（4）新世纪发展

21 世纪初，各类台球在中国再度兴起，并得到长足的进步，由街头台球向健康、娱乐型运动迅速发展；中国顶尖球手在世界顶级竞赛中也取得良好成绩，世界排名前 12 位球手中，中国占据 3 席；中国制造的台球产品也走向世界，逐渐成为世界顶级赛事的指定用品；台球的创新发明也不断涌现，其中较好突出的是中式斯诺克台球，将当时较为主流的美式台球、英式台球及花式 9 球各自的优势特点融合为一体，并以以和为贵的中国文化为主旨又赋予了更多的娱乐与智能元素，将台球的八大元素等进行全面的改进；由于其结合了世界各国的文化，并对结构进行创新及在规则中引入博弈理念，精彩路线较多及持续刺激程度较强，很快就迅速发展并风靡流行起来。

2. 台球的特点和种类

台球的所以受到很多人的喜爱，是因为台球有几个种类，有自己的一些特有的特点。

特点

（1）场地较小

台球对场地要求小，摆放球桌时外框四周一般留出 1.5 米的打球区域就可以了。

（2）不受限制

台球是室内运动，不受季节、天气、时间等因素影响。

（3）运动适中

台球的运动量不大，参加人数灵活，老少皆宜。

（4）有益身心

台球运动不仅健身，而且益智。

分类

（1）方法

台球流行于世界各国，从不同的角度有不同的分类方法，可以从国度、台球的数量以及台球的击球技巧进行分类。

①袋口　按有无袋口分：落袋台球、开伦台球；

②国度　按国度分：法式台球、英式台球、美式台球、中式斯诺克台球；

③规则　按规则及打法分：斯诺克台球、8 球、9 球、14 球、15 球积分、3 球开伦、4 球开伦。

（2）种类

台球的种类很多，除了大家熟悉的斯诺克台球以外，还有很多打法都在国内和世界上流行，并且都有各自的世界大赛，在一些综合性的大赛中，台球项目也设立了很多小项。

①斯诺克　又称英式台球，意思是"阻碍、障碍"，所以斯诺克台球有时也被称为障碍台球。此项运动使用的球桌长约 3.569 米、宽 1.778 米，台面四角以及两长边中心位置各有一个球洞，使用的球分

为 1 个白球，15 个红球和 6 个彩球，即黄、绿、棕、蓝、粉、黑共 22 个球；

击球次序为一个红球、一个彩球直至红球全部落袋，然后以黄、绿、棕、蓝、粉红、黑的次序逐个击球，最后以得分高者为胜。

斯诺克盛行于英国、爱尔兰、加拿大、澳大利亚和印度等英联邦国家以及香港；

②美式 9 球　美式 9 球球桌上共有 10 个球，主球一个，目标球 9 个，带有 1 号至 9 的编号。从最小号球开始打，从小至大，依次将小于 9 号的球打入袋内，最后再打 9 号球。先将 9 号球打入袋内的一方获胜；

③美式 8 球　美式 8 球球桌上共有 16 个球，主球 1 个，目标球 15 个，带有 1 号至 15 的编号。1 号至 7 号球为低号码球，9 号至 15 号球为高号码球。开球时谁打入相应号码范围内的球就使用该范围的球。自己的号码球全部落袋后才可击打黑 8，率先将 8 号球击入袋者获胜；

④法式台球　起源于法国，也称为开伦台球，其含义是连续撞击 2 个球，即用主球连续触及 2 个球，这是法式台球最基本的要求。与英式台球、美式台球球台的最主要区别是没有网袋。卡罗姆台球有多种竞赛方式，其中主要的是三边卡罗姆式台球；

⑤中式斯诺克台球　也称为 10 孔台球，起源于中国，与其他台球的最主要区别在于台面中间增加 4 个进球袋及边框，既容易进球，也容易形成斯诺克；同时也拥有了更多精彩的运球路线，充分积极地体现球手之间连续进攻、巧妙防守及高难度解球的高超技艺；拓展了台球技术性及艺术性。通过针对结构改变的规则改良，中式斯诺克体现的是注重全局及排兵布阵，更具娱乐性、挑战性以及智慧元素，有棋球之说。

⑥开伦式台球　起源于法国，后来在日本却非常盛行，有"日本撞击式台球"的称，是国际大赛项目的一。开伦式台球所用的球台没有球袋，它是以球杆击球得分的一种台球打法。在我国的一些台球厅

里很少能见到这种台球打法。开伦台球打法分为颗星开伦、三星开伦、四球开伦、直线开伦、台线开伦等，但最流行的要算四球开伦打法。

3. 台球竞赛的场地

场地要求

台球竞赛和训练的场地要求平坦、洁净、通风、无灰尘，球台周围要有 2 米以上的空余空间，竞赛时要更大些。

灯光照明

台球的照明灯应装在较大的灯罩中，这样可以避免灯光散射，特别是可以避免灯光刺眼。有灯罩的灯光可以均匀地照射到球台上，衬在绿色的台面呢绒上面显得很柔和，不会刺眼，不影响击球时瞄准。灯罩宜吊在球台上放 0.75 米的地方，一张球台需要 300 瓦的灯光。

台球桌

打台球的桌子叫台球桌，台球也叫桌球，并由专业的、标准的球桌作为竞赛和娱乐的器材。

（1）台面比例

台面的尺寸可根据台面长度和宽度的尺寸来确定，台面的内侧边框到对面内侧边框的长度计算，长宽的比为 2∶1。

（2）台面标准

①斯诺克台球桌尺寸　3.820 米×2.035×0.850 米；

②美式落袋台球桌尺寸　2.810 米×1.530 米×0.850 米；

③花式 9 球台球桌尺寸　2.850 米×1.580 米×0.850 米。

（3）台面材料

台球边框用坚实沉重的硬质木材制成，台内侧边框以弹性好的三角形橡胶边条镶装，外面用台呢包裹。

（4）桌球球袋

①正中　球袋共6个，分设于球台四角和两侧长边案正中；

②名称　靠近开球区两底端的为底袋，两边案正中的为中袋，案头至两底的为顶袋。

（5）台呢台布

①纯毛　台呢为铺在台面上用纯毛制成的布，表面上有一层短的毛绒，主要用于英式台球桌；

②台布　美式球台的台布没有毛绒，作用是使球在台面上跑得更快；

③平整　无论是台呢还是台布，为了不影响球在台面上正常滚动，它们必须平整、织线密集。

4. 台球竞赛的器材

台球竞赛的器材主要包括台球用球、球杆等。

用球

（1）规格

斯诺克台球，每副共有8种颜色22个球。每个球重145克至146克，直径为0.0525米。

（2）材质

现在使用的台球，由高能聚酯材料制成，价格低廉、色泽纯正、表面光滑、弹性和韧性好，重心和中心重合，运动效果好。

球杆

（1）规格

①规定　球杆长度和重量没有严格的规定，长度根据个人的喜好来选定，但长度不能短于0.91米；

②种类　球杆为为整根式和组台式两种。

（2）材质

①弹性硬木　球杆为直接击球的工具，用质细而坚实的枫木或其他具有一定弹性的硬木制成；

②皮垫加工　撞头，即皮头是用皮垫加工处理制成，质量的好坏影响到击球效果。

架杆

（1）特点

用于支撑球杆的具有铜制的 X 形头部的木杆，当选手的非持杆手手臂不够长时，可将球杆靠在架杆上，以稳定地击打主球。

（2）类别

①十字架杆　只有一个支撑槽，也是我们最常用的；

②多槽式架杆　在一个金属片或硬木质上凿出许多不同高度的槽；

③长柄架　用于击打远距离的球；

④高脚架杆　用于主球周围有其他球妨碍的情况。

三角架

似架杆，但头部是拱形的，而且头部更大，可架在另一只球上方以便挥杆击球。

定位器

一种带有角形卡球开口或半圆形卡球开口的装置，用于确定球的准确位置。在其帮助下，球在竞赛中途擦拭后可以准确无误地放回原来的位置。

加长把

加在球杆尾部的一根短短棒用于增加球杆长度，当主球远离选手时帮助选手击打主球。

球框

美式台球要把 15 个号码彩色球摆在置球点，呈三角形。斯诺克台

球要将 *15* 个红球按三角形摆到规定的位置，这就要用一个等边三角形的框子来完成。一般用塑料压制而成，也有用木制的。摆球时将台球置入球框，然后再推到置球的位置。

涩粉块

涂在球杆皮头上增加摩擦，防止击球出现打滑现象。一般用特制粉末压制成六角方形。抹涩粉时要注意涂抹均匀，一般每击三五次要涂抹一次。

扑手粉

（1）概念

材料是滑石粉。

（2）作用

扑在作支球杆支托的那支手上，增加润滑。人手上难免要出汗，就会使手和球杆之间的摩擦增加，击球不畅。扑手粉的作用就是为了防止这种情况，有时还可以在球杆前部抹一点。

（3）事项

在扑滑石粉前，最好将手和球杆都擦一下，除去上面的汗渍。

5. 台球竞赛的人员

台球竞赛人员主要是参赛人员和裁判人员。

参赛人员

台球是一种由两人参加的室内运动，参赛双方遵照相关规则参加竞赛。

裁判人员

（1）裁判长

①修改　根据规则精神，解决竞赛中发生的有关规则未详尽说明的事宜，但不许修改规则；

②分歧　裁判员意见分歧时，可作最后决定；

③处理　裁判员工作不称职或发生严重误裁、漏判时，可建议作适当处理，必要时可停止其职务；

④犯规　运动员有不正当行为或竞赛严重犯规，可取消其竞赛资格；

⑤公布　各项竞赛成绩均需要由裁判长审核签字后方有效，交总记录处登记后正式公布；

⑥检查　遵守规程，执行规则，检查确定场地器材设备是否合乎规定。

（2）副裁判长

①协助　协助裁判长领导裁判工作，裁判长缺席时由副裁判长代理工作；

②事宜　负责领导大会筹备期间和竞赛中有关裁判工作的其他事宜。如：运动员抽签分组、组织编排、检查场地器材设备和记录成绩等。

（3）裁判员

①管理　执行竞赛规则，有管理本场竞赛的权力；

②宣布　宣布竞赛开始和终止；

③球权　主持竞赛，召集双方运动员确定开球权；

④处罚　判断得分、失机和处罚各种犯规行为；

⑤位置　确定竞赛开始时球的位置，放置出界球和罚球时球的位置；

⑥意见　宣布竞赛成死球和死角球，回答运动员合理的意见；

⑦成绩　宣布竞赛胜负和竞赛成绩；

⑧处理　与职员意见分歧时应协商解决，暂不能取得一致时，由裁判员决断处理；

⑨检查　检查场地设备和运动员自带的器材；

⑩审查　竞赛结束后，审查记录并签名。

（4）记录员

①登记　登记运动员单位、姓名、号码、成绩；

②成绩　记录每人每次击球成绩，每杆成绩和每局得分的总和；

③计算　计算每场竞赛总分和个人积累分；

④宣布　宣布场上竞赛中的成绩；

⑤读出　开轮竞赛时，运动员得分距满分相差20分时，负责读出每台球得分后距满分的差数。如：100分为满分，要从80分开始宣布"最后还有20分"。又得3分，宣布"还差17分"……

⑥准备　做好本场竞赛前的准备工作；

⑦协助　协助裁助员进行工作。

6. 台球的相关术语

台球的相关术语包括技术类、规则类几个部分。

人员器材术语

（1）击球员

运动员开始击球，在一击球或一杆球结束之前，即在裁判员宣布"失机"或"犯规"之前，此运动员保持着击球员的资格。

（2）岸

一种用织物包住的橡胶制品在球台台边内边沿上，并和它外部周围的木质物一起构成。

（3）入球点

主球撞击目标球入袋时相碰目标球的位置，叫做入球点。

（4）手桥

用于架住球杆和调整杆头瞄准方法的手，称为手桥。

技术类术语

（1）指球

在美式台球中，运动员在击球前必须向裁判员指明，口头或用杆

指出所要击打的目标球是哪一颗。

（2）定袋

在美式台球中，运动员在击球前必须向裁判员指明，口头或用杆指出要击入哪个球袋。

（3）联合击法

主球撞击目标球后，被主球撞击的目标球又去撞击其他目标球，并以此方法来击球入袋。

（4）主球

主球在竞赛中，经常被杆击打的球，它是白色的并且无号码。

（5）连击

在一次击球中，主球被杆头两次击打，称为双击。

（6）侧旋球

通过球杆头部击打主球的左右侧，产生出侧旋球。

（7）薄击球

主球仅仅擦碰目标球，被称为薄击球。

（8）缩球

主球被击下击点时会产生下旋，当主球全击目标球后便会向后方缩回。

（9）跟进球

当主球被击上部时会产生向前旋转，当主球全击目标球，主球便会向前滚动。

（10）随势出杆

随势出杆是球杆击打主球后，球杆穿过原来主球所占位置范围的继续运行路线。

（11）力度

力量通过球杆打击主球，并导致球在旋转、反射角、分离角等方向产生变化。

（12）跳击

使主球或者目标球弹起台面的击球。

（13）跳球

球离开竞赛台面或者球以跳起方式越过其他的球。

（14）吻击

主球碰击多于一个目标球，这种击法叫吻击。

（15）推击

杆头持续也碰击主球。

（16）击球

所谓击球是指用杆头迅速击打主球，并以主球和竞赛中所有的球停止滚动和旋转结束。

（17）自然侧旋

一个适度的侧旋的主球，便于有一个所需要的行进路线。

（18）自然上旋

主球不带着侧旋的运动。

规则类术语

（1）死角球

当角袋边缘挡住了主球，使主球不能直接击打台面上的目标球，被称为死角球。

（2）二次撞击

当目标球与母球连续撞击两次或以上的，称为二次撞击。

（3）手中球

在美式台球规则中，手中球的概念是主球可以摆放在竞赛台面的任何地方。

（4）活球

在斯诺克台球中，运动员在没有红球情况下可合法打一个彩色球

入袋，这颗彩球叫活球。

（5）开球

在美式台球的开球中，要求必须使4球碰岸，方被认为是合法开球。

（6）手中球置在开球线后

在美式台球中，主球被放在开球线与顶岸之间的任何地方。

（7）得分

1分或是成功的一击。

（8）犯规击球

在击球时，发生违反规则行为。

（9）自由球

在斯诺克台球竞赛中，因犯规所导致的主球被做成障碍球，没犯规方队员可指定任何一个球作为自由球来打，打指定自由球入袋后，记活球分值，将自由球和活球同时打入袋，只记活球分值。彩球作为自由球被击入袋中，应把彩球放回置球点上。自由球不能做障碍球，否则犯规，但当剩下粉球和黑球时除外。

（10）盘

从开球开始，直至击落所有的球或打满规定的分数，称为一盘。

（11）局

若干盘竞赛构成一局。

（12）场

由若干局构成决定胜负的竞赛，称为场。

（13）碰岸比近

双方运动员将球从开球线后击出去碰对岸返回，并力图使返回的球尽可能地靠近岸边。通过比近来决定开球权。

（14）冻结

一个球与其他球或台边相贴。

57

(15) 滑杆

球杆打主球时，由于打滑导致失误。通常由于没有打在主球击点安全区内，或由于杆头没有打滑粉所致。

(16) 空杆

在斯诺克竞赛中，空杆是指击球手没有尽自己最大能力去击中台球。在一般台球赛中，空杆的是失误的一击。

(17) 目标球

被主球击打的球。

(18) 开局击球

一盘竞赛中第一杆击球。

(19) 落袋

在斯诺克台球中，一个目标球进袋称为落袋。

(20) 抢局

预先确定的决定竞赛胜负所必须赢的局数。比如竞赛定为 21 局 11 胜制，便可称为抢 11 避。当一方赢得竞赛的 11 局后竞赛便结束。

(21) 单循环赛

在一次竞赛中，每一参赛队员互相之间均进行一次竞赛。

(22) 安全球

被击主球落入球袋。

(23) 障碍球

在斯诺克台球竞赛中，所谓障碍球是指主球不能以直线球去击打一个活球，其线路被非活球阻挡。

(24) 一击球

运动员用杆头打主球，为一击球。

(25) 一杆球

在斯诺克竞赛中，击球运动员从击球得分开始，直至击球因失机或犯规为止，这一杆连续击分称的为一杆球。

（26）占位

当被打球入袋或出界后，需要放回该球的置球点时，有其他球将此点占据。

（27）失机

当运动员正常击球，但没有击球入袋或得分，即为失机。

（28）扎杆

将球杆斜向或几乎与台面垂直直击主球，称为扎杆。

（29）定位球

当主球撞击目标球后，主球停在原目标球的位置上不动。

（31）贴球

台面上球完全静止后，主球与其他球相贴，即为贴球。

7. 台球运动的基本技术

台球技术由基本姿势、高杆技术、中杆技术、低杆技术、跳球等方面组成。

击球姿势

从击球的目的来看，击球动作是为了击球准确，做到击球准确就要保证挥杆的稳定，球杆在挥摆过程中保持一个方向。要做到这一点需要身体姿势、握杆、支撑手的完美组合。

（1）握杆

通常握杆的方法是用拇指、食指握住球杆的末端部位，其余三指围住球杆，但不可紧握。

（2）支撑手

利用支撑手的拇指和食指交叉，产生架杆点。击球时球杆前端0.25米左右处放于支撑手上。

（3）姿势

能否瞄得准打必进，击球姿势起着重要的作用。

①站立位置　首先要确定身体站立的合适位置，这要根据球和球杆的方向距离来决定。先用右手按照要求握好球杆，而向球台上要打的主球方向站好，平握球杆，杆头指向主球，与主球相距 0.06 米至 0.1 米左右。握杆的右手拇指要和裤子侧缝对齐。球杆的指向必须与主球行进方向成一条直线；

②脚的位置　身体站立的位置确定后，握杆的右手原位不动，在两脚立正站立的姿势下，左脚向左稍前侧方迈出一小步，宽度与肩宽略等可根据身材高低调整，右脚尖向右外侧自然转动 45 度左右。两脚平放在地面上，不要虚提或离开地面，右脚构成一个稳固、坚定的击球姿势；

③上身姿势　落袋式台球。如斯诺克和美式花球球小台面大，准确度要求高，所以一般多采取俯身瞄准击球，用平背式手杆架，上身向前平伸，与台面很近，头略抬起，下颌与球杆相贴，两眼向前平视，顺着球杆方向瞄视；无袋撞击式台球，球径大，主球只要能碰撞上两个目标球便可行分，多采用重叠式瞄准法，准确度要求不高。手杆架采用比较高一点的风眼式杆架。瞄准时，双眼在斜上方扫视球台上的 3 个目标球，因此，只要上身稍微向前倾斜一点，便可以纵鉴全局。

④面部位置　正确击球姿势的形成，不能忽视面部位置的关键性作用。面部不正就瞄不准，也就不可能击球入袋。要想做到打得准，弹不虚发，使球按照预想的路线行进就必须特别注意，使面部的垂直中心线与球杆的中轴线，保持在同一个垂直中心平面上。

把面部摆正的具体做法是在瞄准时，将下颌对准球杆中轴线上，并与球杆相贴，两眼保持水平，向前平视。这样面部中心，包括鼻子，嘴和下颌，便都能与球杆和右后臂，进入同一个垂直平面里。

高杆技术

高杆技术可以使主球产生与运行方向相同的旋转。主球带有这样

的正向旋转与目标球撞击后的效果包括直线球情况和非直线球情况两种情况。

（1）直线球

主球与目标球在一条直线运行的情况下，运用高杆技术击打目标球，主球与目标球撞击后会继续向前运动。

（2）非直线球

主球与目标球撞击后不在同一直线运行的情况下，运用高杆技术击打目标球，撞击后主球的运行方向与目标球的运行方向夹角小于90度。

（3）注意事项

①旋转速度　控制主球的旋转速度是高杆技术的关键，旋转速度越快的高杆球在直线情况下跟进速度越快，在非直线情况下夹角会越小。相反旋转越小越接近中杆球；

②同等力度　运用高杆技术一般情况下是击打主球中心点以上的部位。球杆与台面角度不变用同等力度击打高杆球时，选择的击球点越高旋转越强；越靠近中心点旋转越弱；击打同一点，力量越大旋转越强；

③产生角度　运用高杆技术时，一般情况下不要让球杆和台面产生角度。

中杆技术

从表面看中杆技术很容易被认为是击打主球中心部位，其实中杆技术并不仅仅如此。理解中杆技术要从主球的运行状态出发，首先说明中杆技术使主球产生的效果，即直线球情况和非直线球情况。

（1）直线球

主球与目标球在一条直线运行的情况下，运用中杆技术击打目标球，主球会在撞击目标球后停止运动。

（2）非直线球

主球与目标球撞击后不在同一直线运行的情况下，运用中杆技术击打目标球，撞击后主球的运行方向与目标球的运行方向成 90 度。

（3）击球目的

主球会有上述的效果是因为主球在撞击目标球时自身没有任何旋转，由此可见，中杆技术的目的是击打出撞击目标球时不旋转或基本不旋转的主球。

（4）出现情况

中杆球技术的击打要从上述原理出发，通过控制击球点和击球力度来掌握中杆技术，大致有两种情况：

①不旋转　击打主球的中心部位，使主球在运行过程中一直不产生任何旋转。主球距离目标球越远越需要增加击球力度来保持主球不旋转；

②反旋转　击打主球的中心偏下部位，使主球在运行过程中从反向旋转过度到不旋转时撞击目标球。主球距离目标球越近越要减小击球力量。

低杆技术

低杆技术可以使主球产生与运行方向相相反旋转。主球带有这样的反向旋转与目标球撞击后的效果，直线球情况和非直线球情况。

（1）直线球

主球与目标球在一条直线运行的情况下，运用低杆技术击打目标球，主球与目标球撞击后会向反方向运动。

（2）非直线球

主球与目标球撞击后不在同一直线运行的情况下，运用低杆技术击打目标球，撞击后主球的运行方向与目标球的运行方向夹角大于 90 度。

（3）技术要求

①夹角　控制主球的旋转速度是低杆技术的关键，旋转速度越快的低杆球在直线情况下返回速度越快；在非直线情况下夹角会越大。相反，旋转越小越接近中杆球；

②部位　运用低杆技术一般情况下是击打主球中心点以下的部位。球杆与台面角度不变用同等力度击打低杆球时，选择的击球点越低旋转越强，越靠近中心点旋转越弱，击打同一点，力量越大旋转越强。

撞击式技术

（1）直球

①尖顶　用球杆瞄准球的正中点，照直打出去，球杆的位置原地不动，让球碰对面的台边反弹回来，以能够准确地触到杆的尖顶上为好；

②区域　将球台分成8个区，用球杆瞄准球的正中心，照直打出去，让球碰上对面台边反弹回来，使其能够准确地停留在预定的区域内。用力大，球回到第八格，用力小，球回到第一格。

（2）横球

设90度角，从近至远，反复练习。

①打主球的左下点　让主球撞上第一目标球左侧的厚球，使主球向左面旋转，撞上第二目标球；

②打主球的右上点　让主球撞上第一目标球右侧的厚球，使主球向右面旋转，撞上第二目标球。

（3）擦球

①概念　这也是打撞击式台球经常使用的了种击球技巧，有的叫薄球，有的叫舔球。顾名思义，就是让主球在第一目标球在面或右面轻轻一擦而过，像纸那么薄，像用舌头舔一下那么轻；

②动作　打擦球技巧高超的球员，能够打出薄到被撞的目标球几乎原地不动。遇到这种角度的球，不这么薄，不这么轻，就不可能撞

上第二目标球得分，也不可能为下一击创造好的击球条件。打擦球薄到什么程度，要看两个目标球相距的长度和角度而定。为了准确地打成擦球，最好蹲下身去，仔细目测一下，看主球要通过的两个目标球之间有多少缝隙，一般在近的条件下有 0.003 米就有可能打上，如果小于这个宽度，就很难打成。

（4）反弹球

任何一种球台的四框都有用橡胶镶的边，打任何一种台球都往往要借助台边的反弹力将球反弹回来，撞上目标球得分，因而练好这种反弹球是非常必要的。

要记住一个公式：即射入角与弹出角相等。撞击式球台四边台帮上都镶有白星，这是提供测算角度的标尺，直打直出，偏打偏出，偏进多少，偏出多少。

（5）抽球

打出这种球，让抽回来的球撞上距离比较远的目标球，那是一种很硬的基本功。让抽回来的球照直滚动，就要打中下点；让抽回来的球偏左或偏右往后滚动，就要打左下点或右下点。用力一击，迅速抽杆。打得好，前球不动或稍动，而后球就按预定目标向后滚动。

（6）跟球

打跟球是为了让主球跟着第一目标球向前滚动，再撞上第二目标球得分。打跟球的下杆点同打抽球正相反，打主球的中上点，让主球照在向前滚动。如果想让主球稍偏左或偏右向前滚动，就要打左上点或右上点。

（7）抹球

这种球也是一种又轻又快的薄球。打这种球不是用主球直接去撞目标球，而是让主球先碰台边，使它反弹回来轻轻一抹目标球，再去撞第二目标球得分。

（8）顶球

这种打法也叫"K球"，被撞的目标球已经紧靠台边，没有缝隙，就要用主球硬撞靠边的第一目标球，让主球反弹回来再撞上第二目标球，或者猛打主球，撞击靠边的第一目标球，让它震动左右两侧密贴球。这种球一定要用力猛打，否则难以奏效。

（9）捻球

在打主球台发的一瞬间，在手腕上加上旋转力，也叫加转，就像拧木螺丝那样用力一拧。

落袋式技术

（1）近直球

这是一项最基本、最简单的落袋技术。目标球离袋口近，主球离目标球也近，而且笔直，只要耐心、谨慎即可。

（2）远直球

目标球离袋口远，主球离目标球也远，但是比较直，这比前一种直球难打，必须反复练才能落袋。

（3）斜直球

有的目标球和主球之间是直球，但是斜对袋口。遇到这种球，要哈下腰目测一下，看照直打去，目标球能不能挤进袋口。这里用了个"挤"字，表明打这种球的难度，球要直，劲要匀，稍差一点也撞不进袋。

（4）近装回球

目标球摆在袋口，主球离目标球又近，几乎稍稍一撞就能落袋。显然把这种球打入袋内，是毫无疑问的，但是往往由于失控，主球跟目标球一起落袋。

（5）小折45度球

球散满台，直球难得，经常遇到的是大大小小的折角球，所以必须学会打折角球这一基本功。打折角球，要先面向目标球对准袋口中心目测一下，选准撞击点，再回到面向主球的位置站好，瞄准目标球

那个点，将主球照直打去，目标球才能落袋。

（6）通袋口球

目标球摆在袋口，但主球离目标球很远，这就大大增加了控球。

（7）擦袋回球

目标球摆在中间袋口，但主球紧靠同一条边，形成90度角。必须薄薄地去擦，才能打进袋内。不经反复练习，一是打不上；二是目标球碰边跑掉。

（8）大折90度球

这是比较难打的折角球，必然是最薄的薄球，与小折同样，也要面向目标球对准袋口中心目测一下，选准目标球的被撞点，回到面向主球的位置站好，看能不能看到目标球那个被撞点，看得到才能打得上，如果大于90度角，必然看不到，就不可能直接打上。

（9）溜边球

目标球紧贴台边，主球也紧贴台边，轻轻一打，让主球跟着目标球一齐溜向袋口。有时目标球碰一下袋口的台角，弹回来同跟进的主球再撞一下，把目标球撞入袋内。若目标球靠近袋口，它之后面是死球，死球后面还有允许撞的活球，这几个球都紧贴台边，这也应轻打主球，主球撞最后面的球，活球推动死球，死球再把目标球撞入袋内。但是一定要注意用力度，千万不要将死球也撞入袋内。

（10）切边球

球散满台，直球难得，可打的折角球也不多，而常常有些靠边的球不得不打。这是处理靠边球的一种，目标球离台边比较远一点，主球离台边比较近，但有缝隙可以斜切进袋，因而叫切边球。

（11）灌边球

目标球离台边近，主球离台边远，应该用力硬往袋口里灌，因而叫灌边球。

（12）抠边球

主球靠边，不好处理，就连台球老将也感到棘手。遇到这种球要格外谨慎，因为边高球小，只能打主球的上部，一定要在杆顶上擦防滑粉，让球杆紧贴台边出手。在选球上，尽量避免直抠，最好斜抠，以防滑脱。

（13）拱袋口球

若目标球离袋口很近，紧贴袋口台边，但是主球同目标球不顺边，而处在同目标球呈90度角的位置。这就要瞄准目标球同台边相靠的三角空，让主球先打上台边，轻打目标球之后部，事实上是把目标球拱进袋口，因而叫拱袋口球。

（14）一边反弹

反弹球靠台边比较近，主球在它的对面，显然不能直接撞入中间袋，也不可能直接撞入角袋，只好借助台边的反弹力打回头球。根据入射角和弹出角相等的原理，目测一下主球撞目标球让它碰到台边的哪一点上，才能反弹回来滚入袋内。必要时用球杆比量，眼睛盯住将要碰的点，用适中的劲去打主球，使目标球碰边要它进中间袋，球向中间反弹就是一边反弹中间球。要它进角袋，球向角袋反弹，就是一边反弹角球。

（15）两边反弹角球

这两种反弹球比前两种反弹球增加了难度，打法基本一样。不同的是：一要把两次反弹的角度测算准确；二是击球的用力度要重些。

（16）单边反弹

单边反弹球进中间袋斜度大，要像斜直球那样必须挤进袋口，反弹球进角袋行程太远。打端边反弹进中间袋用力要匀，打端边反弹远角球用力要重。

（17）空边反弹找球

空边反弹找球往往因主球同目标球之间有死球相阻，主球不可能

直接撞上目标球，只好让主球先碰边，反弹回来，绕过阻球再撞上目标球。打这种球也是要准确地测算反弹角度和均匀地使用击球力量。

（18）球借球

主球附近有个好打的球，但是袋口处有球半遮挡着，这就可以让目标球轻轻碰一下这个球，借用它的反弹力把目标球撞入袋内。

（19）球撞球

袋口附近有个好打的球，但因有一个或几个球阻挡着，如果第一个阻挡主球去路的是活球，那么主球就可以先撞这个活球，让它去撞目标球落袋。要事先计算好，站在什么角度，瞄哪个点，用多大劲，才能达到球撞球使目标球落袋的目的。这就要求球员熟悉击球的路子，不然就难以设计出这样的打法。

（20）远筹主球

为了奔向下一击的目标球，或者怕给对方留下就近好打的球，一击之后，让主球跑得远远的。根据需要取击球点，但要用中劲或重打，才能把主球打远。

（21）近筹主球

为了上述同样目的，一击之后，主球向左或向右，向前或向后，跑得近点，根据需要取击球点，当然也要轻打，才能达到目的。

（22）藏主球

打斯诺克台球很重要的一个战术，就是要在自己这一杆不能进的情况下，要想办法把主球藏在死球之后，给对方造成难打的条件，叫做阻击虎。

（23）剔主球

主球贴近球堆很难下杆，一不小心就很容易触动别的球犯规。这就要将前手架提高，隔着球堆将主球剔出去，这比抠靠边球还难，一定要小心翼翼地操作，既要防止触动别的球，又要防止滑脱。

弧线球技术

在主球侧旋转非常强烈的时候，旋转速度很快，使得主球与台面的摩擦力很大，主球的偏移非常的明显，在台面上运出一道非常明显的弧线，这种现象构成了主球的弧线球击打方法，这种弧线球可以使主球绕过障碍球击打到目标球。

弧线球技术根据弧度强弱可分为两种：

（1）离障碍球较远

主球距离障碍球较远，绕过障碍球的弧线弧度不大。这种情况只要球杆与台面形成30度左右的角度，击打主球左右侧就可以了。弧线的强弱与球杆和台面角度相关，同一击球点角度越大弧度越大，同一角度击球点越靠两侧弧度越大；

（2）离障碍球较近

主球距离障碍球非常近，想绕过障碍球需要在短距离内，运行一个很大弧度。这种情况击打难度很大，竞赛中不太实用，多在表演中出现，但也是一项很重要的技术，对手感的练习有很大帮助。击打这种球球杆几乎与台面垂直，戳击主球使的产生强烈的侧旋，才能运行一个很大的弧度。注意这种击打方法对球杆、球台的磨损很严重，如不得要领还很可能立刻损坏球台。

跳球技术

（1）原理

主球从障碍球上方跳过击打到目标球称为跳球，台球运动是在平面进行的，球也是实心儿的，因而不太容易理解球的跳跃。

就像乒乓球打在球桌上会弹起来，台球同样也能弹起来，只是在球台上不能把球拿起来用力砸向台面。用一个更形象的例子，怎么把放在地上篮球拍起来可能很多人都会，把台球桌上的球打起来道理是一样的。

（2）条件

球杆和台面架出一定角度，瞄准球心，把主球用力击向台面，主球就会弹起。

（3）关键

球杆和台面的角度是关键的处，角度越大球跳的就会越高。另外还要注意球杆一定要尽量指向球心击打。

（4）运用

斯诺克台球的规则不允许打跳球，跳球技术一般运用在花式 9 球中，通常要运用专门的跳球球杆。

8. 台球运动的基本战术

开球战术

（1）确定

一盘竞赛的开球是由双方运动员掷币或抽签决定的。开球应将主球放在开球区内任一点进行击球。

（2）原则

开球的战术原则是，防止主球自落，同时不给对方留下连续得分的机会。

（3）方法

通常的开球方法主要有：

①反弹到位　首先将主球摆在开球区黄色球和棕色球中间，采用薄球打法，轻力度，瞄准靠近顶岸一边的第一个红球，使主球与红球相碰后，经顶岸与右岸反弹回到原先位置的左右，造成不利于对方将红球打入球袋的球势。这种开球方法使主球和其他红球相距很远，而且主球与红球之间有许多彩球相隔，使对方难以将红球击落袋内；

②停留区内　开球方法较为复杂一些。同样将主球摆在开球区黄

色球和棕色球中间，开球时，将球杆对准主球的右侧，使主球撞击三角形顶边的第二个红球。主球撞击红球后，经顶岸和右岸反弹，斜线经过篮球附近，再碰左岸和底岸，停留在开球区内。这种开球方法关键在于力度的使用，若力度过大，主球就会从开球区内反滚出去，很容易给对手留下机会。这是高水平选手经常使用的方法；

③旋转力量　开球时同样将主球摆在开球区黄色球和棕色球附近，用左高杆，轻力度，直线瞄准顶岸，当主球碰到岸边后，靠自身旋转的力量反弹后向左运动，直扎在红球堆中，只有少数靠近粉球的红球被震出置球区，使对方没有下球机会。但有一缺点，当这样开球后，对方很容易打好下一杆的球路，所以，很多人都不愿这样开球。

（4）事项

开球时千万不要瞄准三角形顶边往下数的第三或第四个红球，否则主球很可能自落顶袋或底袋，也可能将红球堆撞得过散，给对手留下得分机会

制造障碍球

（1）原因

①战术意识　在台球竞赛中，当自己没有得分机会时，首先要想到的应该是如何给对方制造斯诺克。制造斯诺克的战术意识应该贯穿整个竞赛。当给对方做成障碍球后，如果对方解救失误，则可垂手得分，获得事半功倍的效果；

②气势受挫　对方救球失误，主球停止后又做成死球，己方也可按自由球处理，直接送球得分。对方救球时，如果击中目标球，但由于是在极不利的情况下击球，难以控制主球的运动方向，很容易留下得分机会。此时，己方可抓住时机连续得分，并在心理上同样给对方造成障碍，使其气势受挫。

（2）时机

选择什么样的时机有意识的给对方制造障碍球呢？通常是当己方比分落后，而且在一杆内将台面上的剩球全部击落，比分仍然落后的情况下，要千方百计给对方制造障碍球，使对方受挫缩小比分差距。

（3）方法

制造障碍球的方法很多，最典型的有直线反弹、斜线反弹、薄球拉开、推进贴球和低杆后退等。

①直线反弹　此种方法是经常采用的，而且也最容易奏效。具体作法是：当目标球在端岸附近，用大力度直线击球，撞击目标球整球或厚球，使目标球碰岸反弹至对岸附近。

较近　如果目标球距离端岸较近或贴在岸边，可用中杆击球，使主球停在原地不动；

较远　如果目标球与端岸还有一段距离，可用中高杆击球，使主球跟进岸边附近。

但总的原则是，击球后，要使主球与目标球之间被一个或数个非活球隔开做成死球，以达到对方罚分或无进球机会的目的。

②薄球拉开　用高杆极薄球击打红球，主球运动至底岸附近，而此时红球横移距离很少，主球与红球之间被棕色球和黑色球阻挡做成了斯诺克；

此外，还有两种薄球拉开的击球方法。一是直线薄球拉开；二是切薄球拉开。

③切薄球拉开　有时需要反杆，以便主球碰岸后，斜线向前运动。所谓反偏杆，即击打主球右（左）侧，撞击目标球左（右）侧。所谓顺杆，即击打主球右（左）侧，撞击目标球右（左）侧；

④斜线反弹　当目标球贴在侧岸或其附近时，通常采用斜线反弹，以达到使主球和目标球分开的目的。具体击球方法是：用左（或右）杆中等力度，撞击目标球左（或右）半部，使目标球经侧岸反弹至底或顶袋附近，主球也经侧岸反弹至顶或底袋附近。主球与目标球是以

两条斜线向两侧分开做成障碍球。注意一点，采用斜线反弹要防止主球自落；

⑤低杆后退　低杆后退也是制造障碍球的常用方法。具体做法是：用中低杆或右（左）低杆击打主球，当主球与目标球碰撞后，目标球向前运动，而主球靠自身逆旋后退至非活球后面，做成死球。用低杆撞击主球，将黄色球撞击至顶岸附近，主球回退至绿色球和棕色球后面做成死球。

⑥推进贴球　推进贴球分为两种情况。用推进球的击球方法，使目标球向前运动后，将主球推进至前方非活球之后面做成死球。当运动员击落一个红球而又没有连续得分的机会时，就要想办法制造障碍球。具体做法是：指定附近彩球，但不将其击落，而是用轻力度将主球推向它，以能触及边线，紧贴其后做成死球。

推进贴球成功的关键在于击球力度的掌握，主球与非活球靠得越近越好，若两球能够相贴，往往能使对方无法解救。

解救障碍球

解救障碍球的基本方法：一种是弧线球，一种是空岸反弹球，还有一种是袋角反弹球。

（1）弧线救球

①特点　弧线救球类似足球的香蕉球，就是将主球击出后，沿着一条弧线的运动轨迹，绕过前方阻挡的非活球撞击前面的目标球。

②打法　弧线球的具体打法时，将球杆杆尾抬高，杆头放低，使球杆与台面形成较大的夹角，自下而上，用力斜戳主球的右或左上方。若想从非活球右边绕过则用偏左杆，相反，用偏右杆，瞄准点只要错过前方非活球就可以了。这种方法只有在主球距离岸边不远，因为远了无法下杆，而非活球与目标球之间距离不能太近，太近弧线容易超过目标球的情况下，才能使用此种方法。

（2）袋角反弹救球

袋角反弹救球是一种非常巧妙的救球方法。它分为角袋袋角反弹和中袋袋角反弹救球两种。

①角袋袋角反弹　它是主球、角袋和目标球形成一个直角，瞄视线已被非活球阻挡并且使用空岸反弹球的线路也被非活球阻挡，此时，只能用这种方法解救。具体方法是：大力撞击主球，使其先碰撞袋口外角，反弹至内角，被弹出后沿另一岸边前进，直至击中目标球；

②中袋袋角反弹　当目标球在中袋袋口附近，被非活球阻挡，并且无法用空岸反弹球解救时，要采用中袋袋角反弹球解救。

（3）空岸反弹救球

空岸反弹球也是常用的一种救球方法，其原理和倒顶球一样，不同的处在于倒顶球的最终目的是将目标球击落袋内，而空岸反弹救球的目的是解救障碍球，只要击中目标球即可。并且，目标球距离反弹岸边越近，主球反弹前后两条运动轨迹的夹角越小，救球成功率就越高。

在通常情况下，采用空岸反弹救球时，为了使主球保持入射角等于反射角，应该采取轻力度、中杆或中高杆击球。如果反弹岸边的正常瞄准点被非活球阻挡，就要修正瞄准点，用偏杆击球，打出旋转球来补救。

9. 台球竞赛的基本规则

台球的基本规则这里是以介绍斯诺克和美式8球规则为主。

斯诺克规则

（1）球的置放

①摆放位置　竞赛开始前主球为手中球，其他目标球的摆放位置如下：

15只红球相互紧贴成等边三角形摆在红球区；

位于 三角架顶点的那只红球位于球台中心线，并尽可能靠近粉色球，但不得相贴；

平行 三角架的底线与顶岸平行；

位置 黄色球摆在 D 区的右侧，绿色球摆在 D 区的左侧，棕色球摆在开球线中点，蓝色球摆在中心置球点，粉色球摆在三角架顶点，黑色球摆在置球点上；

②作为标志 竞赛开始后，在击球方提出合理要求下，只有裁判员才可以擦拭球，并且，如球不在置球点上，则当球被拿起之前，球所在位置应用定位器作标志。

用以标志被擦拭球位置的定位器，将被当做该球对待，并获得该球的分值，直至该球被擦拭完并被放回原位为止。如果击球运动员以外的任何运动员触摸或扰动定位器，则他将被当做击球运动员一样处罚，而竞赛次序不受影响。如有必要，裁判员还可将定位器或已被擦拭过的球再放回他认可的原位上，即使球已被拾起。

（2）球的颜色和分值

竞赛时，选手们使用相同的主球击打目标球。共有 21 只目标球，其中：15 只红球各一分；黄色球 2 分；绿色球 3 分；棕色球 4 分；蓝色球 5 分；粉色球 6 分；黑色球 7 分。

（3）击球的次序

将红色球与彩色球分别交替落袋，直至所有红色球全部离台，然后按彩球分值由低至高的次序也至全部离台为止。

（4）竞赛的方式

竞赛开始前，参赛各方应采用抽签或彼此同意的方式来确定竞赛次序。

①不得改变 一旦竞赛次序决定下来，每盘之中的击球次序就不得改变。除非一方犯规后，对方要求他继续击球；

②轮流开球 一局竞赛中的各盘应由参赛各方轮流开球；

③移动位置 首杆运动员应从手中球开球，当其球杆的皮头碰到主球后，或是完成了一击球，让主球移动一个位置；

④违犯规则 为了打好一击球，不得有违犯规则的情况发生；

⑤得分记录 每轮次的第一击以红球或指定自由球为活球，直至所有红球全部离台为止。一击球的内每个入袋活球的分值均应记入得分记录。在同一次击球进袋的每一红球与任何被指定当做红球的自由球，它们的分值应记入得分记录；

⑥放回置点 如一红球或一被指定当做红球的自由球被击进袋，该运动员可继续进行下一击球，并且下一个活球应是该运动员所选的一个彩球。如该彩球被击进袋可得分，然后再将彩球放回置球点；

⑦轮流交替 红球全部离台前，轮流交替地将红球与彩球击进袋，才能一杆继续下去。直至台面上最后一只红球被击落后，随之一个彩球也被击进袋，一杆球仍可继续进行；

⑧成为活球 红球全部离台后，台面上的彩球按分值从小至大，依次成为活球，当彩球进袋后，即留在桌外，不再取出。然后，击球运动员再击打下一个彩球；

⑨红球落袋 红球落袋或出界后不再摆回到台面上，即使运动员因犯规而由此受益，也不予考虑，但是有些特殊情况例外；

⑩击球结束 如果击球方一击球没有得分或犯规，则其这一轮次击球结束。对方从主球停止的地方开始击球。如果主球出界，主球成为手中球。

（5）盘、局、场结束

①黑球 当台面上只剩下黑球时，黑球入袋或犯规都将使本盘结束。除非同时发生下面两种情况：此时双方比分相同；在以累积分定负的情况下，此时的比分不影响竞赛最终结果；

②当上述两种情况发生时，则：

球点 黑球置于置球点上；

次序　运动员掷币决定击球次序；

开球　获得开球权的选手从手中球开球；

结束　击球入袋或犯规导致本盘结束；

③重新　如果竞赛是以累积分决定一局或一场胜负，当竞赛最后各方得分相同时，应按上述步骤，将黑球重新置位。

（6）得分胜利

①记入　一杆球内的每个入袋的活球的分值均记入击球运动员的得分记录上；

②分数　球员犯规被罚的分数应加在对手的分数记录上；

③手段　斯诺克竞赛的基本战术是要尽量把主球留在你的对手没有活球可打的地方，也就是给你的对手做障碍。如果一方队员落后对手很多分的话，那么制作障碍让对手被罚分就成为非常重要的得分手段；

④判罚　一盘的获胜者，应是获得最高分数；该盘的对方认负或对方由于"无意识救球"与"不正当行为"被判罚；

⑤累计　一局的获胜者应是运动员或一方：赢得该局全部或必须的盘数或赢得该局最多总分数与相应的累计分数。对方在该局由于"不正当行为"被判罚；

⑥总分　一场的获胜者，为运动员或一方赢得该场最多局数或获得最多总分相应的累计分数。

（7）双击规则

在主球的第一次碰撞时，不得同时击中两个球，除非它们是两个红球或是一只活球与一只自由球。

（8）放置彩球

①击球　已入袋或出界的任何彩球，在下一击球进行前应被放在置球点上；

②责任　由于裁判员没能正确放置彩球，运动员不负任何责任；

③移回　当红球全部清台，按递增次序将一个彩球击进袋后，如被错误置位，一旦错误被发现，该彩球应即从球台上重新移回至正确位置，不需要进行处罚，竞赛应继续进行；

④置位　对于一个或一些已被错误置位的球，一旦进行了一击球时，在以后的击球过程中，它们被当做正确置位的球来对待，任何非正常离开球台的彩球，将被重新置位，如发现彩球错位系由于原先放置疏忽所致，则不予罚分；

⑤罚分　如发生在裁判放置不正确之前，击球运动员进行了击球，应对他按规定罚分；

⑥分值　当需要放置彩球而其置球点被占据时，这只彩球应放在能放置球的最高分值的置球点上；

⑦优先　如需放置一个以上的彩球而它们的置球点都被占时，应优先放置分值高的彩球；

⑧被占　如所有的置球点均被占，彩球应放置在该球置球点与顶岸之间的区域都被占，可将彩球放置在台面纵向中心线上距该球的置球点最近的位置上；

⑨相贴　所有上述情况，当彩球被置位时，不允许该彩球与其他球相贴；

⑩用手　欲将一彩球正确置位，需按本规则所确定的置球点，用手来放置。

（9）贴球

①贴球　如果主球与一个或多个活球，或可能成为活球的球相贴，裁判员应宣布贴球，同时指出主球与哪个或哪些球相贴；

②认定　当贴球被认定后，击球运动员必须击打主球使的离开被贴的球，但不得令被贴球移动或造成贴球；

③处罚　在下列情况下，只要击球运动员不让目标球移动，就不予以处罚。即：相贴的球为活球；该球可能成为活球，并且裁判员宣

布其为活球。该球可能成为活球，且裁判员宣布其为活球，与此同时击打另外一个可能成为活球的球；

④撞击　如果主球停止下来，贴上或几乎贴上一个非活球时，当被询问是否贴球时，裁判员应当回答"是"或"否"，此时，击球运动员必须如前面所述，在不扰动该球的情况下击打主球使得离开。但必须首先撞击一个活球；

⑤有权　主球同时与一只活球与一只非活球相贴，裁判员只需指出那个被贴上的球即可，如果击球运动员一定要询问裁判员主球是否也贴上了非活球时，他有权被告知；

⑥裁定　如经裁判员确认，在击于瞬间被贴球的任何移动并非由击球运动员所造成，则裁判员可不裁定其犯规；

⑦接触　当裁判员观察时，一个静止的目标球未与主球相贴，但后来在一击球开始打之前，却又被看出与主球相接触，这时该目标球应被裁判员重新放到他认可的位置上。

（10）袋口球

①分数　球在袋口边上未受其他球的撞击、触动而落袋，并且与行进中的任何击球行为无关，则该目标球应放回原位，同时已经获得的分数应予计算；

②落袋　如果袋口球受一击球中任何球的撞击而落袋。在不犯规的情况下，应将所有球放回原位，并应重复该一击球，或由该同一击球运动员随意进行另外一击球；如果犯规发生，该击球运动员应受到规定的处罚，所有球应放回原位，下一个运动员可按通常犯规后的选择进行；

③正常　如一球在袋口边上保持短暂平衡后落入袋内，它应被算作正常入袋，不必放回原位。

（11）主球成为障碍球

犯规后，若主球被造成障碍，裁判员应宣布对手获得自由球。

①指定　如下轮次的运动员选择的是下一击球，可以指定任意球作为活球。任何被指定的球，应被当做活球来对待，并获得该活球的分值。只有当它被击落袋后，才被放回置球点；

②犯规　主球在以下情况即为犯规：没有首先击到被指定的球，或首先同时击中被指定的球与活球；用被指定的自由球给所有红球或活球造成障碍，但当台面上只剩粉球、黑球时除外；

③分值　如果自由球被击落，需要将其取出放回置球点，其所获活球的分值应记入记录；

④取出　如在主球首先击中被指定的球后，或首先同时击中被指定的球与活球后，活球被撞入袋内，则记录该活球的分值，活球不予取出；

⑤活球　若指定的球与活球同时进袋，则只记录活球的分值，除非被指定的是一红球，则当每个球被击进袋时，应记录其分值。然后自由球被放回置球点，而活球则不予取出；

⑥无效　如果对方要求犯规方继续击球，则宣布的自由球变为无效。

（12）犯规

当竞赛中出现违反规则的情况时，裁判员应立即宣布犯规。

①处罚　如选手尚未打一击球时就犯规了，则其轮次立即结束，同时裁判员应宣布处罚；

②宣布　如果击球运动员已经打出了一击球，裁判员应当等待，直至该一击球结束后再宣布处罚；

③宽赦　如在下一击球开始之前，一次犯规，裁判员没有做出裁决，对手也没有提出异议，这次犯规被视为宽赦；

④放置　任何放置错了的彩球，应保持原地不动。只有再被击落或出界后再将其正确放置；

⑤得分　允许犯规者获得犯规前的所有得分；

⑥获得 对手将在主球停顿下来的地方开始下一击球。如主球出界，对手将获得手中球；

⑦处理 如同时发生多种犯规行为，应按其中罚分最高的分值处理；

⑧如选手犯规，将根据规定受到处罚。如对手提出要求，必须继续击球。

（13）处罚

①处罚为活球分值的情况：

一次 击球时杆头触动主球一次以上；

离地 双脚离地；

次序 未按击球次序击球；

区内 开球时主球未放在 D 区内；

空杆 未撞击到任何目标球；

落袋 主球落袋；

利用 利用自由球做成障碍球；

跳球 跳球；

球杆 使用不标准球杆；

②下列犯规行为，应判罚有关活球的最高分值：

停稳 未等所有球停稳就击球；

放置 未等裁判员放置好彩球就击球；

入袋 使非活球入袋；

击打 主球首先击打到非活球；

推杆 推杆；

触碰 触碰了一个局中球，但球杆杆头触碰主球以便完成一击球的情况除外；

出界 击球出界；

双击 双击按两球的最高分值处罚，两只红球或一只自由球与一

个活球除外;

③下列行为应判罚 7 分:

目的　使用界外球以达到任何目的;

距离　使用任何物体进行测量间距或距离;

连续　连续击打红球或击打红球后又连续击打自由球;

主球　用白色球以外的任何球作为主球;

要求　未能根据裁判员的要求指出目标球;

指定　击红球入袋后,尚未指定彩球就犯规了。

(14) 继续击球

一旦运动员要求对手继续击球,这一决定将不能更改。被要求继续击球的选手将:

①改变　可以改变他要进行的一击球与所要击打的活球;

②分值　获得所击落球的分值。

(15) 空杆

①判定　击球运动员应尽最大努力去击打活球,如果裁判员认为球员未能尽力,他将宣布该选手空杆犯规。除非台面上只剩黑球或出出现了根本不可能击到活球的情况时,在后者情况下,必须假定,经裁判员判定,击球运动员确系试图撞击活球,只要他用足够力量直接或间接朝活球方向击打主球,若不是由于这些阻挡球的缘故,主球便可到达活球处;

②处理　当宣布空杆犯规后,下一位选手就可以要求犯规方在主球停留处再击打一次,或者从原来位置上,由犯规方自行处理。在后者情况下,活球应是在这之前最后一击球所要撞击的同一个活球。即:任何一个红球,于该处红球便是活球;红球全部离台后,彩球便是活球;红球落袋后,彩球便是活球的情况下,击球运动员选择的一个彩球;

③障碍　当主球至活球或可能是活球上的任何部位之间有一直线通路,若击球运动员却没能击到,裁判员应宣布空杆犯规。除非裁判

员认为运动员在击打一击球前，需要造成或已经造成了障碍，且裁判员认为该次空杆并不是故意的；

④分数　当出现②所述情况后，空杆被宣布后，从主球至一活球或可能是活球之间有一直线通路，以致两球可以沿中心整个球体相撞，如果活球是红球时，且未被彩球阻挡，所指的应是任何红球的整个直径，那么，从同一位置上击打一击球。如果首先击打活球再次失败，则应宣布空杆犯规，不管相差多少分数；若被要求从原始位置上再重击一次时，裁判员应警告犯规方，如第三次再失败，结果将导致一盘被判处输给对方。

⑤宣布　依照本规则将主球放回原位后，由主球至任一活球或可能是活球的任何部位之间，有一直线通路，此时若击球运动员造成任意球犯规，包括准备击球的主球在内，若该一击球尚未进行，则可以不宣布为空杆，在此情况下可以采取别的适当处罚：

⑥选择　下一运动员既可选择自己击球，也可以要求犯规方在停球位置重击一次；下一个运动员可要求裁判员将所有球放回犯规前所在位置，让犯规方由该处再击一次。

⑦警告　在连续宣布为空杆后，若仍发生上述情况，则任何关于可能将本盘竞赛被判输给对方的警告，仍将有效。所有其他空杆应依照裁判员的判断宣布；

⑧位置　发生一次空杆并且被下一个运动员要求将主球放回原位以后，任何被扰动的目标球应保留其现状，除非裁判员认为犯规运动员将要因此而受益。在后者情况下，任何一个或所有被扰动的球，可在裁判员的认可下放回原位。但无论哪种情况，非正常离开球台的彩球，应被放于置球点上，或入回原来适当的位置上；

⑨征询　在一次空杆后，当任何球被放回原位时，犯规方或下一个运动员都可被征询对该球位置的意见，此后裁判员的决定才算最终结束；

⑩触碰 当在征询意见时，无论哪个运动员若触碰了处于局中球状态下的任何球，则他应被当做击球运动员受处罚。原有竞赛次序不变。如有必要，被触动的球应由裁判员放回到他认可的位置上，即使该球已被裁判员拾起的情况下，也不允许触碰；

⑪意图 非犯规方有权询问，若裁判员打算将主球以外的其他球放回原位，是否要求主球从原始位置上击球，裁判员应予以说明其意图。

（16）受到触扰的球

①恢复 如果静止的球或运动状态下的球，被其他非击球运动员扰动，裁判员应将球恢复到他认定为球的原来位置，或让其继续运动直至停下为止，而不必处罚；

②移动 本规则应包括那些由于其他事故或人员迫使击球运动员移动球的情况，但击球运动员的同伴不在此限；

③球员对裁判员造成的干扰概不负责。

（17）僵局

①重新 如果裁判员认为竞赛出现了或即将出现僵局，将立即建议重新开局；

②如果选手拒绝，裁判员应允许竞赛继续进行。但应附带条件，即宣布在一定时间内局面必须改变，通常应在裁判员的判定下，限定每边各打3杆，如在宣布的时间期满后，局面基本未变时，裁判员应取消所有得分，重新摆放所有的球，如同一盘竞赛开始那样，仍由原来开球的选手开球，仍保持原来的击球次序。

（18）辅助器械

击球运动员应对在球台上放置的移动他所使用的任何辅助器械负责：

①负责 击球运动员对所有物品负责，包括但不限于他拿到球台上的架杆与延伸器材。无论它们是属于击球运动员自己的，或是借来的他均

应对的负责，而且当他使用这些设备造成任何犯规将受到处罚；

②处罚　因使用裁判员提供的辅助器械而造成的非人为犯规，击球运动员不负责任。如这些设备证明有毛病，且由此造成击球运动员触碰一个或一些球时不算犯规。如有必要，裁判员应将球放回原位，并且当击球运动员正在击打一杆球，则应准予继续进行下去而不受处罚。

美式8球

（1）彩色球位置

用三角框将15个彩球摆成三角形，8号球摆放在第三排中间，其余全色和花色球要尽量差开摆放。顶点上第一颗球放置在置球点上，彩球要摆正紧靠，不可有空隙。

（2）开球权

采用掷币猜先的方法确定开球权，猜中者可以先开球，也可以让对方开球，以后的每局竞赛采用轮换开球方法。

（3）无次序指球定袋打法

①击落　开球选手在D形区内任意点上开球，依规则不按次序，必须指球定袋把分属自己的目标球全部击落以后，才有权击打8号球，无犯规情况下击落8号球者为赢得此局；

②碰岸　开球后，选手在一局内每一击球，必须有一个以上的球，包括主球碰岸，否则判犯规。

（3）开球

①正常　选手开球后至少有两个球，包括主球碰岸，或者至少有一个目标球落袋，为正常开球有效；

②选择　选手开球后没有达到第一条款，或者开球时把主球或8号球击进袋或者击出界外，判开球犯规不停击，由对方上场选择击球权和分属自己的目标球，但必须满足以下几点：

放回　主球进袋或出台，放回置球点；

进袋　8号球进袋或出台，放回置球点；

取出　彩球进袋不取出，出台的球放回置球点；

③击中　开球后，选手把一个或两个以上不同组别的目标击进袋，继续保持击球权，同时还可以选择分属自己的目标球，第二次击球时必须首先击中指定球；

④入袋　合法开球后，没有一个彩球入袋判失机；

⑤违例　开球选手开球时违例，若有目标球进袋不取出判失机，由对方上场选择分属自己的目标球；

⑥球袋　只有开球这一击不用指定球袋。

（4）置球点

①无效　界外球和违例或犯规情况下进本方的球无效，应放回置球点；

②先放　如果8号球和其他彩球需要同时放置时则应先放置8号球；

③相贴　如果置球点被占时，要放回置球点的球应放到置球点最近位置与顶岸中心点的直线上，而不能和其客观存在球相贴。

（5）手中球

①方向　获手中球的选手，把主球放在开球时任意一点向任何方向击球；

②障碍　主球落袋或击出界外以及在犯规的同时给对方造成障碍时，主球都可成为手中球。

（6）间接进球

击打本主指球定袋的目标球进袋了，主球或目标球间接撞进双方的彩球都有效，如指球定袋的目标球未打进袋，撞进自己的彩球无效取出放回置球点，撞进对方的彩球有效。

（7）贴球

①限制 主球与台面上本方目标球相贴时，击球方击打主球后，可以使该目标球移动，并且出杆角度没有限制，但击打动作必须明显，若反向击打，该目标球没有移动，并不算已碰触目标球。违反本项规则的处罚：对方获自由击球权；

②移动 主球与台面上非本方目标球相贴时，击球方击打主球后，该目标球不能因此击而直接移动；

③碰触 目标球与台边相贴时，主球击打该目标球后，该目标球必须离开台边后再次碰触台边或有其他球碰触台边或有目标球入袋。违反本项规则的处罚：对方获自由击球权。

（8）跳球

①跃过 击球方可根据技术需要将主球击离台面，跃过其他目标球直接击中本方目标球；

②区域 跳球时，击球者只能用杆头击打主球球面二分的一以上的区域，且所用球杆不能短于0.9米。违反本项规则的处罚：对方获自由击球权。

（9）僵局

如果裁判认为竞赛陷入僵局，应警告双方尽快改变僵局状况，否则将宣布此局无效，重新摆球，按原次序继续竞赛。

（10）犯规

如有下列情况的一者，判犯规，停击一次。

①击成 主球击成空杆或自落；

②错击 错击目标球；

③黑球 错击黑球；

④主球 错击主球；

⑤跳球 击成跳球；

⑥界外 击球后，主球或目标球跳出界外；

⑦碰触 主球击中目标球后，没有任何一个球碰触岸边；

⑧击球　击球时连击或推杆；

⑨上场　对方击球权未结束自己就上场击球。

（11）故意犯规

①目的　利用台内的球故意违例或犯规来达到某种目的属于故意犯规，判停击一次并可以使用手中球；

②资格　选手第一次判罚故意犯规后，如该选手第二次出现故意犯规裁判应向其提出故意犯规，第三次该选手出现故意犯规，则取消该选手此场竞赛资格。

（12）违例失机

遇有下列情况的一者判违例失机，本方进球无效并取出，带入对方球有效。

①击进　未指报本方的目标球和球袋就击进球；

②错击　错击了本方的指定球；

③指定　击进了不是指定的球袋；

④离地　击球时双脚离地；

⑤入置　裁判未入置完回台的球就击球；

⑥静止　台面的球未在静止状态就击球；

⑦触动　球员身体、衣服及佩戴物等触动台面上的球；

⑧指定　击中但未击落指定的目标球。

（13）处罚

①轮次　任何犯规的选手判停击一轮次，开球犯规除外，而对方获得两次击球权；

②丧失　一方获得两次击球权时第一杆就犯规了，随之也丧失了第二次击球权力，由另一方选手仍获得两次击球权；

③停击　一方犯规后给对方造成障碍球时，除停击一次，对方有要手中球的权力。违例或犯规的同时击进自己的目标球无效，取出放在置球点，碰进对方的目标球有效。

第三章

保龄球运动的竞赛与裁判

1. 保龄球的发展历史

保龄球早 5200 年前的古埃及就已经出现，后来到了 3 世纪至 4 世纪再次在德国出现，目前它已经演变成为了一项广受世界人民喜爱的运动。

保龄球起源

（1）早期埃及

保龄球的起源也许可以追溯至 5200 年前的古埃及，人们在那里发现了类似现代保龄球运动的大理石球和瓶。

（2）早期德国

3 世纪至 4 世纪的德国天主教徒在教堂走廊里安放木柱，用石头滚地击打。他们认为击倒木柱可以为自己赎罪、消灾；击不中就应该更加虔诚地信仰"天主"。直至 14 世纪初，才逐渐演变成为德国民间普遍爱好的体育运动项目。

世界保龄球发展

保龄球在诞生以后，很快在欧洲的其他国家流行开来。在 1626 年时，由于荷兰移民横渡大西洋到美洲，使这项娱乐也因而出现在美国。

在 16 世纪时是 9 个瓶的游戏，数年后，演变成 10 个木瓶，瓶的摆设形状也从钻石形变成三角形。1895 年美国保龄球总会正式成立。1901 年在芝加哥的维鲁巴克大厦保龄球馆举行了第一次竞赛。此后保龄球活动蒸蒸日上并跻身于大雅的堂。随后在美洲、欧洲和亚洲各地流行。

1916 年成立了女子保龄球协会和青少年保龄球协会。

1946 年，AMF 公司研究制出全自动置瓶机，将保龄球运动推向新纪元。

1952 年，国际保龄球联合会成立，总部设在芬兰的赫尔辛基，它以奥林匹克精神为宗旨，提倡和推进了这项运动的发展。并将世界划分为美、欧、亚三大区域。

1954 年在赫尔辛基举行了第一次国际竞赛，共有欧洲的 7 个国家参加。

1963 年举行了第一届世界锦标赛。

1964 年举行了第一届世界杯赛。

1968 年举行了首届亚洲锦标赛。

1974 年、1978 年、1986 年保龄球项目被列为亚运会正式竞赛项目。

1988 年，第二十四届汉城奥运会上，保龄球被列为表演项目。

1992 年，第二十五届巴塞罗那奥运会首次将保龄球列为正式竞赛项目。

1996 年亚特兰大奥运会上，保龄球即成为示范表演项目，并争取成为奥运会正式竞赛项目。

中国保龄球发展

（1）运动起源

保龄球虽是西式运动，但根据不完整考证，在"五四运动"以后，即 1920 年左右先在上海，后在天津、北京等地曾建过原始的保龄球球道，这些原始的球道，采用人工摆瓶，人工拣球，仅是富豪贵族的一种超级享受的休闲运动。

解放后，保龄球运动，曾被视为是资产阶级的娱乐方式，使该运动遭到长期的封杀，消失殆尽，在党的第十一届三中全会后，随着改革开放的新风，保龄球运动才在中国大地蓬勃地开展起来。1981 年 12

月上海锦江饭店同美国 AM 公司合作修建的 6 条自动化保龄球道，一般被视为是中国现代保龄球的起源。

（2）发展现状

保龄球运动在我国起步较晚，但在很短时间内就以它那强大的融合性，娱乐性，得到了社会各行各业，各个阶层，男女老少的一致欢迎。现在保龄球运动已经遍及全国，在各个大中小城市，在各个宾馆、饭店、旅游点、风景区，甚至县镇都建立了许多保龄球馆。如今，在我国已经大约有 2000 多个保龄球馆，20000 多条保龄球球道。

为了推动这项运动的发展，1984 年国家体委决定把保龄球列为全国竞赛的体育项目；1985 年 5 月成立了"中国保龄球协会"；1985 年 7 月在珠海举了首届全国竞赛。为了更好推动这项运动，国家体委组织优秀运动员集训，参加各种国际性竞赛，请国外教练、专家来讲课，每年举行全国性竞赛，使我国的保龄球运动水平更接近世界先进水平。

2．保龄球的特点与作用

特点

保龄球运动是一项用滚动的球将排列在 18 米的外的瓶状立柱击倒，以击倒瓶数的多少来计算胜负的一种单纯明快的运动，它和别的运动相比，没有年龄，体格，性别的限制，它有极大的融合性，可与对手分庭抗争，又可一个人单独娱乐。具体来看，这项运动有以下特点：

（1）潇洒幽雅

保龄球运动自始至终轻松快乐，体现出一种绅士，淑女的美，它不吃力，不痛苦，不用大汗淋淋，不必像投铅球似的呲牙咧嘴，悲壮怒吼，不必像跑马拉松似的晕厥数次，口吐白沫，它静中有动，动中有礼，是情人伴侣，同事好友，雅俗共乐的一种十分安全休闲的体育运动。在世界许多国家著名的国际连锁饭店、国际连锁俱乐部，以至在一些私宅作为一种文明、健康的标志都设有保龄球球道。

（2）举手皆能

保龄球运动，是非常大众化的群众体育运动，它来自不管多么恶劣的天气，不管是什么人，有无保龄球经验都不需要事前做任何准备，只要能举手，马上就可以参加。在拥有最多爱好者的保龄球王国美国，82岁高龄的老太太还曾在正式竞赛中得过第三名，而在另一场正式竞赛中还出现过7岁幼童与90岁老翁同时出场的竞赛趣事。保龄球运动不分时间、季节，男女老幼皆宜，这是保龄球运动的最大特点。

（3）胜负难测

保龄球运动的另一大趣味性，在于它的独特的记分方法，全中、补中、残瓶三种状态，在成绩计算上会相差3倍的比分，这使保龄球的竞赛充满了不可预测性，尤其在第九格，不打到最后很难断定胜负。

（4）富有挑战

俗话说，师傅领进门修行在个人。学打保龄球尽管入门容易，但要打得好，得高分，却必须掌握一定的方法并需要不断地练习，以提高打球的技术与技巧。

作用

保龄球的作用主要表现在对身体和心理两个方面的影响上。

（1）有益身体

打保龄球只要姿势正确，全身200多块肌肉都能得到锻炼，对人体的心肺、四肢功能的健身功效也是显而易见的，这些对于需要和喜爱健身的人来说都有一种不可抗拒的魅力。

（2）培养意志

保龄球运动不仅可以增进健康、增强体质，还可以锻炼人的意志，提高人的心理素质。保龄球运动不仅是一项健身的运动，还是一种交际的手段。保龄球运动给人的感觉是沉稳、冷静、自信与从容，对这种感觉的追求恐怕正是保龄球运动的在全世界日益风行的理由与原因吧！

（3）休闲娱乐

保龄球运动的乐趣在于：不管你是三五成群，还是出双人对，不管是全家上阵，还是自愉自乐，都能各得其所，因此，这项运动成为当今娱乐休闲的新时尚。

3. 保龄球竞赛的场地

保龄球的场地由球道、投球区等部分组成。

球道

（1）结构

球滚动的路，由宽约0.3米，厚约0.15米的39个木条制造而成。

（2）规格

全长为19.15米。从犯规线至瓶区中心的一叫瓶的长度为18.28米，宽为1.042米至1.066米。

（3）构成

由助跑道、犯规线、发球区、边沟、边墙和置瓶区等几部分组成。

标记

球道上有两组标记，是球员打球时瞄准用的。

（1）箭头

距犯规线 3.6597 米至 4.8795 米不等，这组箭头又叫做目标标识点，每隔 5 块木板有一个箭头，从左向右数依次分布，一共是 7 个箭头。

（2）小圆点

离犯规线约为 2.4397 米，分为左半组和右半组，两组相互对称。这种圆点叫做引导标识。右半组依次分布，左半组则分布在从左数同样的位置上。

投球时，以目标标识点及引导标识点为基准投球的方式，叫做"标识点瞄准式"。

助跑道

（1）概念

助跑道就是球员走步、滑行及掷球的区域。

（2）规格

长度一般为 4.573 米，宽度与球道的宽度相同，为 1.042 米至 1.066 米的内。

（3）标识

①助跑标识　在助跑道的起点处有两组共 10 个标识点，被称作助跑标识，也叫站位标识，是供选手选择站位位置的标志；

②脚步标识　在助跑道与犯规线之间，有一组 7 个标识点，叫做脚步标识，也叫滑步标识，这是为助跑时最后滑步的位置而设的。

（4）要求

对所有的球员来讲，助跑道对他水平的发挥都是相当重要的，因此助跑道必须保持干净和平整。

投球区

投球的地方，投球时助走区域为 4.75 米以上。

犯规线

球道的投球区的分界线。如果投球时越线或踩线，就算是犯规而不算分。

坑

球的瓶落进的区域。

护板

置瓶区到坑的两侧，用纤维质料做的板。

球沟

球道两边的沟，宽为 0.225 米至 0.2375 米，深为 0.0875 米。

回球装置

投球之后，使用自动机械把球回到记分台前面区域。

重置按钮

如果瓶没放好时，按下此键就可以重新置瓶。各种保龄球设备的此键位置都有此不同，

看板

显示全倒或剩下瓶位的显示器。

计分台

显示投球成绩的显示器。保龄球的计分设备设在球员休息区内，现代化的保龄球球场都有电脑记分系统和选瓶装置球员座位之前上方还有屏幕显示得分，甚至有制作的动画赞扬或调侃选手投球的水平。

故障呼叫按钮

联络机房排除故障的按钮。

球台

摆球的台，也是拿球的地方。

4．保龄球竞赛的器材

保龄球竞赛的器材主要包括球、球瓶和装备等。

用球

（1）材质

材质限定为非金属材质。均是中心以软木塞和合成强化橡胶混合组成，外层用硬质橡胶、塑胶或玻璃纤维包围而成。

（2）规格

直径 0.215 米，圆周 0.685 米。重量依照国际规定最重 7.4 千克。一个人可凭喜好而选择所丢的保龄球的重量，通常为 3.6 千克至 7.4 千克。

（3）选用

保龄球的重量基本上从 2.7 千克至 7.4 千克 11 个级。简便的选球标准如下：

①小学生　选用 2.7 千克至 3.2 千克；

②中学生　选用 3.6 千克至 4.0 千克；

③女青年　选用 4.5 千克至 5.4 千克；

④男青年，选用 5.9 千克至 6.4 千克；

⑤中高级球员　选用 6.8 千克至 7.4 千克。

球瓶

（1）材质

球瓶的材质使用漆木，外层涂上一层塑胶保护漆。基本颜色为白色。

（2）规格

高为 *0.38* 米，最粗的部位为 *0.12* 米，底部直径 *0.0502* 米。重量约 *1.4* 千克至 *1.6* 千克不等。一组 *10* 个球瓶中，最重的和最轻的不能差超过 *0.113* 千克。

装备

保龄球是一项高雅的运动，它对服装、鞋、护具等都有一定的要求。

（1）服装

①男球员　一般穿 T 恤和运动长裤；

②女球员　一般穿短袖衫、短裙或者运动裤。

（2）鞋

①禁止　禁止采用软橡胶底或者带有橡胶后跟的鞋；

②合适　鞋子的大小要合适，鞋带的绑扎不要过紧或者过松。

（3）护具

护具主要包括护腕和贴胶。

5. 保龄球竞赛的人员

保龄球竞赛的人员主要是指参赛选手和裁判人员。

参赛选手

保龄球竞赛有队际赛、*3* 人赛、双人赛、单人赛。

裁判人员

（1）人员配备

大型的保龄球竞赛一般会设置裁判长、裁判员各 *1* 名，记分员 *4*

名，裁判由专业裁判担任。

（2）裁判员

在保龄球竞赛中，裁判员按照有关规则组织竞赛正常进行。

（3）计分人员

①监督　在每个赛事中，都应有正式计分员或自动记分装置记录所有竞赛成绩。如犯规未被计分员记上，运动员又称未看记分表，应在执行裁判员的监督下将分数改过来；

②确认　一局竞赛中，分数没有累计，执行裁判员对该运动员原有成绩应予确认；

③查对　每个被批准的竞赛必须在记分表上详细填写每一次投球所击倒的瓶数，以便于每格均可以核实查对；

④签名　每个运动员和队长应在每局竞赛后立即在记分表上签名确认成绩，之后收到一张记分表的副本；

⑤处理　除了分数的计算有明显的错误外，成绩一经记录不得更改。一旦发现有明显的错误，执行裁判应立即改正。可疑的交竞赛主任处理，竞赛主任将按照规则，在限定的时间内将错误改正；

⑥批准　一局竞赛进行中出现漏记分数，在符合竞赛规则的情况下，经竞赛主任批准可以重投。

6. 保龄球的相关术语

早安鸡

一局中最前面3格就连续全倒。

海底鸡

在最后3格打出火鸡。

红盘

此球局的分数在 200 分以上。

黑盘

整局都没有漏捡任何一球。

球床

即保龄球滚动的场所，指犯规线至 1 号瓶之间的地方。

进山路线

投球时供助走运动的场所。一般称为助走道。

拱门

指钩球弧度夸大时的球路。

平均击率

合计数局成绩所得的平均分数，又称为平均击率，代表掷球者的技术水准。

歪球

当右手投出球时，球路反其道而行，呈左弧抛物线，然后向右变曲的情况。

曲球

当右手投球时，呈右弧线最后向左侧变曲的球，相反，若为左手投球时，则向相反方向弯曲的球。

死球

投出的球被判无效的情况。

孪生

指残瓶的两个时，其中一个正好位于另一个的正后方因而无法看见的情况，称为孪生。

洗沟球

指球投出后，未触及球瓶而陷落球道两旁球沟的情况。

强打

指球从 1 号瓶的正面冲击而过。

钩球

指球在距球瓶两三米之前方做面向球瓶弯曲的情景。右手投球时则向右弯曲。

1 号瓶

有时也可指 5 号瓶，因其为全倒的关键瓶。

坏球

指撞击 1 号瓶的劲力太弱。

补中

每局的第一球打完以后置瓶区上还有站瓶，而第二球把剩下的站瓶全部打倒。

全倒

每局的第一球即把 10 个瓶子全部合法打倒。

技术球

指第一球已被合法的投出，把 1 号瓶及其他几只瓶子击倒，而剩下的瓶子呈下列状态：剩下两只以上的瓶子，每瓶子之间至少被击倒一只。例如 7 号瓶和 9 号瓶或 3 号瓶和 10 号瓶；剩下两只以上的瓶子，前面的瓶子最少有一只被击倒。例如 5 号瓶和 6 号瓶。这种情况按瓶位距离、方向的不同，可分为大分瓶、中分瓶、小分瓶和斜分瓶。

7. 保龄球的基本技术

握球方法

握球是保龄球运动的开始，它分为插孔指型、贴球指型等几类。

（1）插孔指型

①指钩成型　中指、无名指插入对应指孔后，指面贴住孔壁，两指夹住"孔桥"，指尖球弯曲呈钩状，钩住球体。注意指孔锐角边一定要与指面贴服；

②指锁成型　拇指插入指孔，指面贴住孔壁，指关节伸直不要弯曲。拇指插入深度以整个手掌握球舒适为宜。注意指孔锐角边一定要与指面贴服；

③手指力度　力度尽可能小，以中指无名指钩住球体，拇指锁住球体后能轻松自如做出各种球路动作可轻易脱球为宜；

④指位调整　手型初步完成后，再调整指位及力度及手掌整体握球舒适为宜；

⑤动作要点　先钩后锁完成锁扣指型，指型的力度尽量小些，调整手掌的舒适度。

（2）贴球指型

①动作：食指、小拇指自然贴球弧面；

②指型组合：

自然并拢　食指、小拇指与钩指平行贴服球弧面。较适合掌面大者或掌力较大的男性；

匀称分开　食指、小拇指与钩指匀称分开贴服球弧面。较适合掌

面小者，多被女性采用；

食指分开　小拇指与钩指平行，食指分开贴服球弧面。可辅助增加钩提翻腕的力度；

小指分开　食指与钩指平行，小指分开。可辅助增加翻腕力度；

小指曲垫　食指与钩指即可平行也可分开，小拇指指尖弯曲指背贴服球弧面可辅助增加球体与地板咬合程度，球体碰瓶后不易改变球体运行方向；

③动作要领：

贴指造型　根据不同的指型组合将食指、无名指正面贴服球弧面；

手指力度　并拢型：两指与球弧面贴合力均匀，力度尽可能小，以能贴服托起球体为宜。分开型：分开的手指比平行的手指贴服球弧面的力度略大。曲垫型：垫指比食指贴服球弧面力度略大些；

手掌面：手指根部，拇指除外，与球弧面贴服呈球弧状。手掌心至指根部呈球弧状与球弧面贴服。手掌心至手腕部与球弧面有间隙。球体重心置于指根至掌心之间；

④整体感觉　所有指根部与指孔锐边贴服，手掌呈球弧状托起球体。

（3）手腕造型

①动作：握球后手腕以不同的弯曲度托球；

②腕型组合：

平直式　手掌背与前臂呈直线状。此式腕部柔韧力度良好，被大多数人所采用；

上弯式　手掌背与前臂呈上弯状。此式腕部柔韧力度最好，较适合腕部力度较大人士。曲线球路者多采用，不少飞碟球路者也采用此腕型；

下曲式　手掌背与前臂呈下曲状。此式腕部柔韧力度最差，较适合腕部力度较小的女士，也适合使用低磅人士，很多打飞碟者也采用

此腕型；

③要领：

腕部造型　握球动作完成后腕部调整为个人习惯腕型；

调整方向　小拇指、食指根部及掌心的三点，呈正三角形，左右扭动前臂调整腕部使三角面的掌心正对假想瞄准线；

腕部力度　尽可能小些，以运球时腕型不走样为宜；

腕部运行　腕部参与摆球、翻腕等动作，在任何环节始终保持初始状态不变。

（4）错误对策

①握球太紧；

特征　插入孔内手指贴服球壁太紧；

原因　害怕球会脱手的心理因素造成刻意握紧球体；

对策　将指力适度降低；

②握球太松；

特征　插入孔内手指贴服球壁太松；

原因　随机性握球，不了解拨提球体靠指力；

对策　按程序适度做好钩锁动作。

③手腕变形；

特征　大多数人在球下摆到最低点时，手腕向运行方向弯曲；

原因　由于球体惯性迫使手腕变形；

对策　手碗施力贴服球弧面；

④不成钩状；

特征　中指无名指入孔后，指尖球部未与球壁呈钩状贴服；

原因　未有钩的概念；

对策　内弯指尖球与球壁形成钩；

⑤不夹孔桥；

特征　中指无名指插入孔后，不夹紧两孔间隔球壁即孔桥；

原因　不晓孔桥它是曲球飞碟球钩提翻腕动作的动力点；

对策　两指用力夹紧孔桥；

⑥不会调整；

特征　第一次投球略偏离瞄准线，在第二次投球时仍保持原手掌面方向不变；

原因　不懂得掌面是微调瞄准线的最佳方法；

对策　其他动作都不变，只朝偏离点反向扭动前臂修正掌面朝向。

基本动作

（1）持球姿势

将球拿起握好，将握球手的肘部靠近腰部，握球手小臂与大臂之间保持在90度角左右，双肩尽量保持一样高，身体与犯规线平行，身体各部位保持放松状态，双膝略曲，双脚并拢，一手握球，另一手托球，握球手的手腕保持平直。

（2）推球动作

推球动作的正确与否，直接会影响到整个掷球动作是否完美。因此，学打保龄球的时候，最主要的环节就是将推球动作做得很正确。推球的方式有下例两种：

①4步助走方式　球员在站立点站定，以右脚为起步脚，推球的动作和右脚步是同时起步。推球的同进，右脚起步，身体重心前移至右脚，足尖正对前方，随着重心移动，膝关节自然弯曲，手臂伸直，拇指的方向与推球方向一致，眼睛直视目标；

②5步助走方式　以左脚为起步脚，整个球的摆动前进过程与四步助走方式一样。

（3）摆球动作

右手持球以右脚为起步点。

①推球　当第一步起脚时，手臂同进作向前推球动作。当第一步

脚落地重心稳定时，将球推至最高点；

②下摆　当第二步脚在移动时，球开始向下摆，摆到第二步站稳时，球正好处于整个摆动的最低点；

③后摆　右脚步迈第三步时，继续向后摆动，当第三步站稳时，后摆至最高点；

④伸展　第四步从左脚开始做滑行，球自上而下摆动并向前推出。在第四步滑步时，右脚必须向着左后方伸展，靠左手尽量向一侧伸展，保证身体平衡。

（4）助走步法

助走步法就是从持球至掷球的一整套动作中，身体在助走道上向前行进时的步法。它与持球，推球，摆球和出球是同步进行，相互配合。

（5）掷球动作

做好推球，摆动及助走动作后，左脚抵达犯规线的同时做出掷球动作。掷球动作要做到：依据选定的瞄准点，将球向前方直线掷出，掷出的球要达到一定的速度和旋转。

（6）延伸动作

延伸动作是掷球动作中最后的动作，当球出手后，手继续向前上方"摆动送球"。延伸动作决不是个单独的动作，它是摆动的延续。也就是说，将球掷出后摆动的动作还未停止，保持手臂以自然的状态笔直向前继续摆动，要注意的是，手臂不要偏向身体左侧或者右侧，一般高度达到耳部即可。

直线球

（1）特征

正对目标球瓶区直线向前滚动而去的球，就叫做直球。这种球是以拇指指孔部分为正面，在滚出球后仅以直线进行因此对于球瓶的撞

击效果并不大。除非撞击球瓶的位置正好在正前方，或斜前方，否则只要一点点瞄准的误差，都可能造成失误，使边边的球瓶文风不动。所以，这是一种球瓶残留率很高的球路。

直线球是最原始的打法，由于其切入角度比较小，容易造成分瓶，故现在已极少采用。但是初学保龄最好由直线球学起，因为直线球容易掌握，由此打下姿势、步法、节奏、平衡等基本功。

（2）动作

①抽出　将拇指置于正上方，中指及无名指置于正后方，手掌心对正球瓶区。注意当球脱手而出时，也要保持这个关系。首先把拇指抽出指孔，再顺势以中指、无名指直线向上扬起，感觉上好像要加上球前进回转力，最后抽出；

②失控　由拇指抽出到中指、无名指脱离球为止，都是一瞬间的动作，重要的是过程中绝对不可弯曲手腕，不然会造成球路失控；

③上扬　投出球后，手仍然依照原姿势上扬，手心朝上，进入最后阶段，这个投出球后顺势上扬继续摆动的持续动作，对于直球的控制相当重要。

快速球

（1）持球

①动作　持球时姿势要对，手臂要夹紧胳肢窝，确定身体、肩膀摆正，原本半蹲的姿势也要改过来变成直立，因为腿的姿势如果半蹲，也会消耗掉能量；

②事项　任何弯曲的动作都会消耗能量，持球最好不要将球摆胸前，因为很多人会惯性的将球摆往后右方，球应该持在与右肩平行的位置，再用左手拖住。如果球摆在胸前，摆球时也应该先将球往右肩平行的位置移动，然后再做摆球的动作；

（2）摆球

摆球时将原本弯曲的手臂放下伸直并往正后方摆动，这个姿势很重要，持球的位置越高，向后摆的幅度越高，球速就会越快。但是，很多人向后摆的姿势会偏掉，要特别注意胳肢窝仍要夹紧，手仍然要伸直。

（3）出手

出手时手还是一样伸直，不可弯曲，不可用力，因为姿势对的话，球速会自然增加。

（4）走步

可将走步速度变快，只是变快不要变乱，因为助走也可以加快球速。

（5）左手

很多人会忽略左手，所以球速都没完全发挥。左手的作用是在平衡右手的重量，唯有在平衡时速度才能发挥。走步时左手应像老鹰展翅一样，左手抬得越高，能量就聚集越多。

出手时不仅右手出力，连左手都应出相等的力气，不然姿势会因不平衡而垮掉，出手时左手应向后方撞

（6）落点

放球时尽量不要将球腾空，不然很多能量会因和球道碰撞而抵消抵销，放球时没有声音是最能打出速球的。

曲线球

（1）特点

打直线球达到一定水平后，可以练习打曲线球。曲线球不仅球路更具美感，而且由于球以较大角度切入瓶袋，使全中机会大大增加。即使未击出全中，也会减少大分瓶出现的可能。

（2）分类

曲线球可分为小曲球和大曲球，两者分别在于手腕的力量和球的弧度。球划出一道弧线后，"钻"入 1 号瓶、2 号瓶或 1 号瓶、3 号瓶（全倒点），并且球带有一种横扫的力量，弧线越大这种力越强。欧美及大部分亚洲选手都采用曲线打法。打法区别：

①打小曲球时　手腕锁定。可佩戴护腕协助；

②打大曲球时　则不用戴上护腕，要透过手腕灵活的摆动，赋予球更大的弧度。

（3）线路

曲球的运动路线一般是沿球道方向直线通过右边第二箭标，球进入球道后段区域开始旋转，产生更大角度，切入 1 号瓶、3 号瓶之间，大大提高全中机会。

（4）动作

①旋转　打曲球时，在球向前下摆之后半段，手腕向内侧旋转，出手时拇指朝向时钟 10 时方向旋转，而中指和无名指则在 4 时方向；

②出手　出手时拇指与食指呈"V"形；

③侧向　提拉使球发生侧向旋转。这种侧旋不仅使球滑出落油区后会沿曲线滚动，也使球对球瓶的撞击更具威力。

飞碟球

（1）特点

飞碟球即横向轴自转球，台湾选手创造。球走直线，带有自转，触瓶时带动球瓶旋转，杀伤力较大，虽然观赏性不如弧线球但是很实用。

（2）打法

飞碟球的打法如下：

①无异　手臂摆动、助走与一般直球无异；

②掌心　当手臂摆到最低点时，掌心朝下，拇指指向 1 时至 3 时方向附近；

③旋转　出手时，手腕及手臂旋转，将拇指由 1 时至 3 时钟方向逆时钟转至 6 时方向；

④脱离　跟着中指，无名指脱离指穴；

⑤指穴　拇指留在指穴有向前推或向下压的动作；

⑥延伸　最后与一般球路一样要有延伸动作。

（3）球路

飞碟球的正点球路：1 号瓶、3 号瓶靠近 1 号瓶；1 号瓶、2 号瓶靠近 2 号瓶。

（4）要领

飞碟球发展至今，经过不断的改良和合理化。为了尽量减少运动伤害，现简单介绍如下：

①时机掌握　飞碟球如何打，首先要克服心理障碍。练习初期不要怕球不转，因为初期手腕较硬，不够柔软，并且翻腕时机掌握不对，所以球不会很转，故初期练球只要把球的线路打直，将手腕慢慢放松，自然而然球就会转起来；

②基本转法　飞碟球的基本转法，早期转法是拇指为轴，逆时针旋转 180 度出球，现在较新的打法是以手臂为轴逆时针旋转 180 度出球；

③翻腕时机　在出球的瞬时翻腕，这样出球球才会旋转，想转起来，必须在球离开手前翻一下腕，将球给转出去；

④翻腕速度　如何转得快　球要转得快、转得好，并不是使劲转就会转得快，翻腕就必须得快，手腕一用力手腕就开僵，自然就转下快，手腕放松，自然就会快起来。

8. 保龄球的基本战术

保龄球的战术包括全中战术和补中战术两个部分。

全中战术

第一次投球击倒了全部竖立的 10 个球瓶，则称的为全中。要实现全中，可以采用一些全中战术。

（1）战术的分类

根据不同的投球方法，全中战术可以分为直线球全中战术、曲线球全中战术、弧线球全中战术、旋线球全中战术等。

（2）直线球动作

直线球全中战术的动作方法是：

①平行　站在左边投球时，右肩略向前；站在中央时，肩膀和犯规线平行，或者左肩瞄向前；

②推拨　送球时先拔出拇指，接着中指和无名指勾起来，用指尖推拨保龄球，右肩直线往上挥，拇指指孔要正对 1 号球瓶和 3 号球瓶的口袋。

（3）曲线球动作

曲线球全中战术的动作方法是：拇指孔由原来 12 时钟的位置，转向 10 时钟的位置，同时旋转手臂和手腕，用指尖钩球，使球在碰击 1 号瓶和 3 号球瓶时的射入角尽量呈直角，这样破坏力会更大。

（4）反曲线球动作

在投球的时候，一般要瞄准 1 号瓶和 3 号球瓶的口袋才会主中，但是把球投入 1 号瓶和 2 号球瓶的口袋也会击出全中，这称为反曲线

球全中，动作方法同曲线球全中战术。

（5）弧线球动作

弧线球即球的路线是弧线，弧线球全中战术的动作方法是：送球时拇指孔对准球道，但是在出手的瞬间，先将拇指孔逆时针旋至10时钟左右位置的方向，中指和无名指再顺势把球推出，同时翻转手腕。

（6）旋转球动作

旋转球全中战术的动作是：在送球的时候，手腕、手臂向上旋转，拇指孔由12时钟旋至1时钟位置的方向，手掌旋外。

补中战术

补中战术就是在全中没有打出的情况下，利用最少的击球次数来击倒10个球瓶的战术。

（1）关键瓶的选择

每一级补中瓶中都会有一个关键瓶，即决定能否全部补中剩下球的那一个球瓶。关键瓶一般是投球的瞄准目标和首先击中的球瓶，也往往是离球员最近的一个球瓶。

（2）击球点的选择

正确地选择了关键球后，还必须选择击球点，对于一个球瓶来说可以有很多被击的点，要根据球道上剩下的球瓶的分布选择击球点。

（3）击球的角度线

角度线是投球时号球道的夹角，它在很大程度上决定着行进跨线，补中球战术一般有三种角度线。

①中间角度线　位于助跑道中央偏右，常在1号瓶、5号球瓶为关键瓶时使用；

②右侧角度线　位于助跑道的右侧，常在关键补中球在左侧的使用；

③左侧角度线　位于助跑道的左侧，常在关键补中球在右侧时

使用。

（4）球和球瓶偏离

球和球瓶的偏离是指在球击球瓶后路线的改变，一般分三种情况。

①充分撞击　球正面撞击球瓶保持原来的路线不变；

②瓶的左侧　击球瓶的左侧，球瓶往右下倒，球往左侧偏离；

③瓶的右侧　击球瓶的石侧，球瓶往在下倒，球往右侧偏离。

（5）合理的瞄准方法

瞄准方法有点瞄准法和线瞄准法两种。

①点瞄准法　常在只有一个补中球瓶时使用，力来落点准确，适当地提高球速，减少球的旋转，投出直线球直接命中球瓶。

②线瞄准法　常在有两个以上的补中球瓶时使用，要选择好关键瓶和撞击点，以保证球和球瓶的正确偏离。

（6）补中瓶的分组

在一般常见组合中，把关键瓶和投球助跑站位相同的补中瓶组为一类，这样可以把注意力集中在关键瓶上，减少不必要的干扰，提高命中率。

9. 保龄球的基本规则

基本规则

国际保龄球联合会已经建立了一套完整的章程和竞赛规则。这些章程和规则，不仅是裁判员，就是运动员也需要学习和掌握。

（1）以局为单位

①决定　保龄球是以局为单位，以击倒球瓶数的多少来计分并决

定胜负的；

②机会　一局分为 10 轮，每轮有两次投球的机会；

③投球　如果在一轮中，第一次投球就把 10 个球瓶全部击倒，即全中，就不能再投第二次。唯有第十轮不同，第一次投球如果投得全中，仍要继续投完最后两个球；如果是补中，就要继续投完最后一球，结束全局；

④取消　如果两次投球没有将 10 个瓶全部击倒，那么第三次机会就会被自动取消。

（2）道次的决定

①抽签　竞赛以抽签的方式决定道次。每局在相邻的一对球道上进行竞赛，每轮互换球道，直至全局结束；

②互换　第二局需要互换球道，单数的球员向左移动，双数的球员向右移动。有时也可以统一向右移动道次，目的是为了每个球员都能相遇和机会均等。投球的先后以抽得的 A、B、C 次序为准。

（3）名次的决定

保龄球竞赛时，均以 6 局总分累计决定名次。

①单人赛　将每一局的成绩相加，以 6 局总分最高者为冠军，次者为亚军，再次为第三名；

②双人赛　每人 6 局，以 2 人合计 12 局累计总分高低决定名次；

③3 人赛　每人 6 局，以 3 人合计 18 局累计总分高低决定名次；

④5 人赛　每人 6 局，以 5 人合计 30 局累计总分高低决定名次；

⑤全能赛　以每人 24 局总分高低决定全能名次；

⑥精英赛　通过上述前 4 项竞赛，取 24 局总分之前 16 名参加准决赛，进行单循环后共打完 15 局，取 15 局总分之前 4 名参加挑战赛。第四名对第三名，是第一次挑战；胜者对第二名是第二次挑战，胜者对第一名的竞赛称为决赛，连胜两局者为冠军，连负二局者为亚军。一胜一负两局总分高的为冠军，一胜一负两局分低的为亚军。如果两

局总分相同，就要看双方第九轮与第十轮的成绩了，分数高的夺得冠军。

竞赛的记分

（1）全中

①击倒　当每一个格的第一次投球击倒全部竖立的 10 个瓶子时，称为全中；

②记录　用（X）符号记录在记分表上该格上方左边的小方格中；

③瓶数　全中的记分是 10 分加该运动员下两次投球击倒的瓶数；

④投出　一局的最高分 300 分，运动员必须投出 12 个全中。

（2）补中

当第二次投球击倒该格第一个球余下的全部瓶子，称为补中，用（/）表示。记录在该格右上角的小方格内。补中的记分是 10 分加运动员下一个球击倒的瓶数。

（3）失误

除第一次投球后形成分瓶外，当运动员在某格两次投球后，未能将 10 个瓶子全部击倒，即为失误。

（4）分瓶

分瓶是指在第一球投出后，把 1 号瓶及其他几个瓶子击倒，剩下的瓶子呈下列状态：

①击倒　2 个或 2 个以上的瓶子，它们之间至少有 1 个瓶子被击倒时，如：7 号瓶和 9 号瓶、3 号瓶和 10 号瓶；

②前面　2 个或 2 个以上的瓶子，紧挨在它们前面的瓶子至少有 1 个被击倒时。如：5 号瓶和 6 号瓶；

③表示　分瓶在记分表上用（O）表示。

（5）格式

①得分　一局共分 10 轮有 21 个格，每一轮左边的小格为第一次

投球的得分，右边的小格为第二次投球的得分；

②全中　如果第一个球投了全中，除了原本可得的 10 分以外，还可以加上后一轮两球的得分，并将分数记在全中这一格里。例如：第一轮的第一个球投了全中，第二轮的两个球共得了 9 分，那么全中这一格中就可以写上 19 分，这个分数就是第一轮的得分。在保龄球中，全中是得分的关键；

③补中　补中可以加下一轮第一个球的得分，例如，第一轮是补中，第二轮第一次投球击倒 9 个木瓶，那么补中这一轮的分数就是 19 分。如果第一轮是补中，那么下一轮的第一次投球时就要特别谨慎，如果这次投球得了零分，就失去了补中的加分机会；

④相加　如果既没有投得全中，也没能补中，就按实际击倒的木瓶的数量依次相加；

⑤计分　第三轮投球的计分：第十轮如果是全中，就还有两次投球的机会，而这两个球的所得分同样累积在这一局的总分内。如果是补中，也还有一次投球的机会，而且这个球的得分也累积在这一局的总分中。

击倒规则

（1）合法击倒球瓶

运动员合法投球后球瓶发生下列情况，将被认为是合法击倒球瓶：

①直接　球瓶被球和其他瓶直接击倒或击出放瓶台；

②反弹　球瓶被从两侧边墙隔板或球道后部缓冲板反弹回来的瓶所击倒或击出放瓶台；

③横杆　在清扫球瓶前，球瓶被扫瓶器横杆反弹回来的瓶所击倒或击出放瓶台；

④清除　球瓶斜靠在边墙隔板上，在下次投球前，这些瓶都应该被清除掉。

（2）不合法击倒球瓶

凡属下列情况者，投出的球有效，但被击倒的瓶不予记分：

①脱离　球在到达球瓶前先脱离球道，然后才击倒的球瓶；

②反弹　投出的球从后部缓冲板反弹回来击倒的球瓶；

③接触　瓶接触摆瓶员身体任何部分反弹回来击倒的球瓶；

④自动　被自动摆瓶器碰倒的瓶；

⑤清除　在清除倒瓶时被碰倒的瓶；

⑥碰倒　被摆瓶员碰倒的瓶；

⑦击倒　运动员犯规后击倒的瓶；

⑧恢复　投球后在球道和边沟里出现倒瓶，球在离开球道表面前碰倒这些瓶。不合法击倒球瓶一经出现，应恢复原位。运动员有权在该格投另一个球。

（3）不被承认的倒瓶

除了被运动员以合法的投球所击倒或击出球道的球瓶外，其他所有被击倒的瓶均不予承认。

球瓶状态

（1）位置

①得分　当运动员在 10 个瓶全部被放置的情况下投球或投补中球时，如果球已投出，即使立即发现有一个或多个球瓶的位置排列不当，该投球和其得分应被计算；

②排列　决定瓶的位置是否正确责任在运动员。应在投球前指出那些位置不正确的球瓶，否则就认为是对瓶的排列表示满意；

③改动　在一次投球后未倒的瓶的位置不得变动，即被自动摆瓶器移动或错误放置的瓶子必须保留在被移动后错误放置的位置上，而不得人为地加以改动。

（2）弹回

被击出球道后反弹回来并竖立在球道上的瓶，视为竖立的瓶。

（3）更换

在竞赛中球瓶如被击坏或严重损伤，应立即更换一个尽可能和当时使用的球瓶重量相等、形状相同的球瓶。应由执行裁判决定球瓶是否放回原处。

死球规则

如发生下列情况的一，所投的球为死球：

（1）球瓶缺少

在一次投球后，即在同一球道下次投球前，立即发现所摆的球瓶缺少一个或数个。

（2）干扰球瓶

在球未接触到球瓶前，摆瓶员干扰了任何球瓶。

（3）停止转动

在球瓶停止转动之前，摆瓶员移动或干扰了任何剩下的球瓶。

（4）错误投球

一名运动员在错误的球道上投球或没有按照正确的次序投球，或各队的一名运动员在一对球道的错误球道上投球。

（5）选择结果

当运动员已经开始投球，但投球动作尚未完成前，其身体受到其他运动员、观众或运动物体的干扰时，必须选择是接受此球将要击倒的球瓶的结果，还是宣布为死球。

（6）移动倾倒

运动员投出的球未接触球瓶之前，球瓶发生移动或倾倒。

（7）接触障碍

运动员投出的球接触任何障碍。当死球发生后，其得分不予记录，

球瓶必须重新放置，运动员必须重新投球。

使用错误

当以下情况发生时，应视为死球，运动员可以要求在正确的球道上重新投球：

（1）一人投错

一名运动员投错球道。

（2）多人投错

各队的一名运动员在一对球道上投错球道。

①规定　当同队一名以上的运动员已经在错误的球道上投球时，这一局竞赛就不需要更正球道，可以在此球道上继续完成该局竞赛，但下局竞赛必须在规定的正确球道上进行；

②重投　在个人对抗赛中，运动员每次投二格球并交换球道。当发现运动员投错球道时，该球为死球，要求这名运动员回到正确的球道上重投。如对方运动员已投球后才发现这一错误，则该运动员的得分应予以记录，但以后应在正确的球道上投球。

犯规规则

（1）犯规定义

在投球时或投球后，运动员的部分身体触及或超越了犯规线，以及接触了球道的任何部分和其设备建筑时，即为犯规。该次犯规的时效直至该名运动员或下名运动员投球为止。

（2）故意犯规

当运动员为获得好处而故意犯规时，他在整个此格的击倒瓶数将被认为是零。此格不准再投球。

（3）犯规记录

除每一格的最后一次投球外，运动员的犯规应用符号（F）记录在记分栏中，但击倒的瓶不记录，应将被击倒的瓶重新排列，运动员可继续投本格的下一个球。每一格的最后一次投球时犯规，应做相应记录并结束该格的竞赛。

（4）犯规监测

竞赛组委会可以采用由世界10瓶保龄球联合会确认的自动犯规监测装置，如竞赛场地没有这种设备或该设备损坏，则应设立犯规线裁判员，他必须在其视线不受阻挡的条件下，看清犯规线。

（5）明显犯规

如果一个明显的犯规未被自动犯规监测装置或犯规线裁判员发现，但为以下人员认定，仍应宣布并记录为犯规：双方队长或双方一名以上运动员；计分员；一名执行裁判员。

（6）提出申诉

除了以下情况外不允许对犯规提出申诉：

①证明　证明自动犯规装置不能正常工作；

②证据　对竞赛的运动员未犯规提出强有力的证据。

第四章

曲棍球运动的竞赛与裁判

1. 曲棍球运动的基本概况

曲棍球这一名称起源于法语，意思是牧羊人的棍杖。作为世界上历史最悠久的体育项目之一，曲棍球的出现要比最初的奥林匹克运动会早 1200 年或者更多。

曲棍球的起源

（1）起源于埃及说

最早的考证可以追溯至公元前 2000 年。在埃及尼罗河流域的哈桑发现的第十六个坟墓的壁画上，有两人相对而立并且手持弯曲木棍彼此交互重叠，这很可能就是现代曲棍球运动的前身。

（2）起源于雅典说

1922 年在雅典海岸防波堤上发掘的古代遗迹中，雕刻在坡壁上的一幅浮雕，描绘着 6 个球员参加一种类似曲棍球的游戏。浮雕中 4 人持棍在旁站立，中央两位似做曲棍球的争球动作，与现代曲棍球的争球方式十分类似。

（3）起源于其他国说

历史学家认为，曲棍球运动在许多国家的古文明时期就已经出现了。在中国、印度、波斯等国也有历史记载。例如，中国在唐代就流行"步打球"，竞赛时分两队，队员各持下端弯曲的木棍徒步击球，以击入对方球门多者为胜，其运动方式与现代曲棍球也相似。

（4）现代曲棍球起源

19 世纪下半叶，现代曲棍球几乎与现代足球同时起源于英国。大约在 1861 年，英国第一个曲棍球俱乐部——布莱克赫思俱乐部成立，

总部设在伦敦东南部。

世界曲棍球的发展

现代曲棍球在英国诞生后，*1875* 年在伦敦的一次会议上制订了最初的竞赛规则；*1889* 年男子曲棍球竞赛在伦敦举行。

1924 年国际曲棍球联合会成立。*1927* 年在伦敦曾成立国际女子曲棍球联合会，但由于种种原因，这个联合会和国际曲联一直未能取得统一，两个组织各自举行世界冠军赛和其他国际竞赛。国际奥委会为了使女子曲棍球列入奥运会竞赛项目，愿意协助双方建立统一组织，终于在 *1975* 年实现了这个目的。

1980 年起，男女曲棍球在奥运会上并列为竞赛项目。*2005* 年初，国际曲联迁入瑞士洛桑新建成的总部大楼。日前国际曲联拥有 *100* 多个会员国，包括地区，遍布世界五大洲。

中国曲棍球的发展

（*1*）历史上的曲棍球

生活在内蒙古莫力达瓦达斡尔族自治旗的达斡尔族酷爱曲棍球。达语称曲棍球棍为"波依阔"，球称"颇列"。达斡尔族只有语言没有文字，由此可见曲棍球运动在达斡尔族民间流传已久。过去，走在乡间经常能看到人们在村内街道上玩曲棍球，而且老少皆有。

（*2*）现代曲棍球发展

①考察学习　中国现代曲棍球的发展较晚。原国家体委派出中国曲棍球考察组一行 *4* 人于 *1975* 年 *10* 月 *11* 日赴巴基斯坦进行了为期 *3* 个月的考察和学习。考察组回国后，在当时北京体育学院组建了男子曲棍球队，与当时归属黑龙江省的莫力达瓦旗男子曲棍球队在北京、上海、沈阳等地进行表演，开始了艰苦创业的历程；

②组建队伍　*1980* 年内蒙古莫力达瓦旗组织起了我国第一支女子曲棍球队。第一次全国女子曲棍球正式竞赛于 *1983* 年 *4* 月 *28* 日至 *5*

月 7 日在江西省南昌市举行，同年 6 月中国女子曲棍球集训队在河北省秦皇岛国家体委训练基地正式成立；

③参加赛事　20 世纪 80 年代，我国开始参加各类国际曲棍球竞赛，取得了一系列优异成绩。国家男子曲棍球队取得了第一届亚洲杯赛的第三名，第十一届、第十四届亚运会的第五名。国家女子曲棍球队多年来在国际曲坛占有一席之地，曾获得过第一届亚洲杯冠军，第十一届亚运会的第二名，第七届世界杯的第六名，1991 年冠军杯赛的第五名，世界大学生运动会的第二名和洲际杯赛的第二名。

近年来，中国女子曲棍球队进步较快。在 2000 年悉尼奥运会上获得第五名，2002 年获得第十届冠军杯赛冠军，第十四届亚运会冠军，第十届世界杯第三名，在 2004 年雅典奥运会上获得第四名，在 2008 年北京奥运会上获得亚军，创造了中国曲棍球运动史上的最好成绩。

2．曲棍球的特点与作用

曲棍球运动娱乐性比较强，对提高身体素质和发展心智都有着积极的作用。

特点

（1）特殊场地要求

多数球类运动都是在中间用网隔离的场地上进行的，曲棍球与其他真球类运动不同，它是在一个类似足球场的宽阔场地上进行。

（2）强调集体配合

①要求　曲棍球运动需要队员之间团结合作，互相配合；

②技术　每个队员都要有良好的个人技术，这是曲棍球运动区别

于真他拍类运动的最显著特点。

（3）有很强灵活性

①场地灵活　曲棍球运动除了可以在正规场地上进行，还可以选择其他的场地，灵活性较强；

②人数灵活　可以按正规人数进行，也可以多人或少人，分成人数均等的两组即可。

作用

（1）增强体质

曲棍球运动可以全面发展和增强人的体质。

①活动能力　经常从事曲棍球运动，可以激发人体的灵活性、协调性，提高人体上下肢和躯干的活动能力；

②系统功能　改善人体各系统的功能，从而起到增进健康、抗病防衰、调节精神的作用。

（2）培养意志

曲棍球运动具有强度大、对抗性强的特点，能够逐渐培养参与者的意志品质。一场势均力敌的曲棍球竞赛，往往需要消耗较大的体力，在长时间的大强度对抗中，坚强的意志品质显得尤为重要。

（3）提高素质

曲棍球是一项竞技运动，竞赛时竞争激烈，成功和失败条件经常转换。同时，运动员在竞赛中要对对方战术的意图进行揣摩，把握自己的战术应用，这能使参赛者的心理素质得到很好的锻炼。

（4）促进交流

经常参加曲棍球运动的青少年，可以相互交流经验，切磋技艺，这样既可以互相学习，共同提高球技，也有利于建立良好的人际关系。

3. 曲棍球竞赛的场地

作为一项集体运动，曲棍球对场地是有一定要求的。

场地要求

（1）场地规格

①地形　竞赛场地为长方形；

②面积　长91.40米，宽55.00米。

（2）场地划线

按竞赛场地示意图清楚地划线，以白色为宜。所有标志线均为0.075米宽，它们属于竞赛场地的一部分，应按全长划出：

①边线　场地周边的两条长线，长91.4米，称为边线；

②端线　场地周边的两条短线，长55米，称为端线；

③球门线　端线上两个球门柱之间的部分称为球门线；

④缓冲地　端线外和边线外应分别留出至少5米和4米的缓冲地带。

（3）场地标志线

①中线　连接两条边线的中线；

②码区　连接两条边线的两条22.9米线：该线靠近中线的一沿至近侧端线外沿的距离为22.9米；与相关的边线和端线所包含的区域，称为码区；

③外侧　在每条边线的外侧分别划出平行于端线，长0.3米的标志线，标志线靠近中线的一沿至端线外沿的距离为5米和14.63米；

④两侧　在球门柱两侧的端线外侧、距近端球门柱外沿5米和10

米处分别划出 0.3 米的标志线；

⑤中点　在端线外侧、距端线中点 1.83 米处分别划出 0.150 米的标志线；

⑥距离　在球门的正前方划出一个直径为 0.15 米的罚球点，该点的中心至球门线内沿的距离为 6.4 米。

射门弧

（1）在端线的中点正前方、平行于端线、距端线 14.63 米处划出一条 3.66 米长的标志线（上述距离为标志线外沿至端线外沿的距离）。

（2）以相对的球门柱的内侧前角为圆心，向两侧延伸该线，使其与端线相交，各形成一个 1/4 圆。

（3）这些线称为弧线，它们所含的空间，包括它们本身，称为射门弧（在规则中简称为"弧"）。

（4）在距弧线外沿 5 米处划出虚线。射门弧外沿与虚选外沿之间的距离为 5 米。每段实线长 300 毫米，两段实线之间的距离为 3 米。弧线正前方为虚线的实体部分，与端线相交处为虚线的空白部分。

自 2000 年 6 月 1 日起，已经要求国际竞赛的场地必须有这些虚线。其他竞赛是否采用，由各国协会自行决定。

标志旗杆

（1）高 1.20 至 1.50 米。

（2）置于场地的各角。

（3）必须保证运动员的安全。

（4）如果是不能折断的，应置于弹簧座上。

（5）必须有标志旗，标志旗的长和宽不超过 300 毫米。

球门

（1）位置规格

球门位于端线的中间

①立柱和横梁为白色、长方形，宽51毫米，厚75毫米；

②两根球门立柱的内距为3.66米；

③球门立柱必须置于球门线外的标志线上，正面与球门线外沿相接；

④横梁固定于立柱上，距地面的内距为2.14米（7尺）；

⑤立柱的高度不超过横梁；

⑥横梁的宽度不超过立柱；

⑦球门在横梁处的深度不得少于0.91米，在地面处的深度不得少于1.22米。

（2）侧挡板

①长1.2米（最小值），高460毫米（18吋）；

②置于地面上，与端线成直角，固定于立柱的背面，与后挡板的两端相接，厚度不超过立柱的宽度；

③内侧漆成深色。

（3）后挡板

①长3.66米，高460毫米；

②置于地面上，与侧挡板的两个后端相接；

③内侧漆成深色。

（4）挡网

①接在立柱和横梁的背面，与后挡板和侧挡板的背面相接，挂钩间隔不超过150毫米；

②挡网的安放必须保证球不会从挡网与立柱、横梁、侧挡板或后挡板之间漏出；

③挡网不宜过紧，以防球从挡网上弹回；

④网眼不大于45毫米。

4. 曲棍球竞赛的器材

曲棍球比的器材主要包括球、球棍和竞赛装备。

竞赛用球

（1）形状材质

球应是坚硬的圆球体，材料不限。

（2）重量要求

重量最小 156 克，最大 163 克。

（3）规格要求

周长最小 224 毫米，最大 235 毫米。

（4）表面

球表面光滑，但允许有接缝或凹痕。

（5）颜色

竞赛用球的颜色一般为白色或商定的其他颜色。

竞赛用球棍

（1）形状

①球棍应是直的，一端带弯头；

②所有的边缘应是圆钝的；

③整个球棍应是光滑的，不得有任何粗糙或尖利的突出物；

④球棍 c 和 d 之间的部分只能在左手一侧为一个平面（如图所示的一面）。

（2）触球面

①触球面为示意图中所示的整个侧面，以及该面的边缘，但边缘

应是圆钝的；运动员应意识到，制造商可能会拒绝更换因使用球棍边缘击球而损坏或折断的球棍，因为大多数球棍不是按这种使用方式制造的。

②非触球面应是圆的。

（3）尺寸和重量

①在正 X 轴方向，球棍的弯头展开部分（D 线所示部分）的最大长度为 100 毫米；

②球棍在 A 线和 A1 线之间的部分向两侧最大可偏离 20 毫米（分别由 B 线和 B1 线所示）；

③包括外表的缠裹物，球棍应能通过内径为 51 毫米的球棍检查环；

④球棍的全重不得超过 737 克。

（4）球速、棍速比

球速不得高于棍速的 98%。

（5）材料和颜色

①只要适合于竞赛，不至产生任何危险，球棍及其可能的附加物可以是木质的或除金属外的其他任何材质；

②只要能保持表面光滑，可加缠绷带或用树脂处理。

（6）其他要求

①运动员必须确保自己所使用的器材在质量、材质或设计等方面不会对自己或他人造成危险；

②对运动员所选器材造成的任何后果，对器材的缺陷或违反规则，国际曲联不负任何责任。赛前对器材所做的任何改动，都应限于纯粹出于竞赛的需要，应确保器材的整体外形符合规则。

③球棍有其传统的形状，应予以保留。规则委员会并未批准任何具体的设计，但任何新的、更为极端的设计将被禁止。

着装和器具

（1）场上队员

①同一个队的场上队员应穿着其所属协会或俱乐部认定的服装；

②不得穿戴任何对其他运动员可能造成伤害的任何物品。

③极力主张场上队员佩带护腿板、护踝和齿套。

（2）守门员

①应在护身外穿着颜色有别于本队及对方队员的上装；

②除非在主罚点球（不是防守点球）时，否则必须佩带保护性能良好的头盔；

③护具只准守门员使用：护身、护腿、护脚、护手以及保护大腿、上臂和肘部的器具。

护腿、护脚和护手：不得有坚硬的边缘或突出物；

护腿：戴在守门员腿上时，最大宽度为 300 毫米；

护手：正面朝上平放时，最大宽度为 228 毫米，从底部到顶端的最大长度为 355 毫米。不得有使守门员不握球棍时球棍仍能连在护手上的附加物；

④不得在允许的器具外穿戴附加的服装或器具，或穿戴使身体或保护区域人为增大的服装或器具。

5. 曲棍球竞赛的人员

曲棍球竞赛的人员主要包括参赛人员和裁判人员。

参赛人员

（1）人员数量

竞赛在两队之间进行，每队最多可有 *16* 名队员，但同一时间内上场竞赛的队员不得超过 *11* 名。*16* 名队员均可替换上场。

（2）替换队员

①除判罚短角球时以外，任何时候均可替换队员。判罚短角球时，只允许守方替换受伤或被罚黄牌或红牌的守门员。

②同一时间内替换队员的人数没有限制，任何队员替换上场或被替换下场的次数也没有限制。

③同队的一名队员离开场地后，另一名队员方可进入场地。

④除替换守门员外，替换队员时不停止计时。

⑤受罚下场的队员在受罚期间不得由他人替换。

⑥受罚下场的队员在受罚结束后即可由他人替换，而不必首先返回场地。

⑦替换队员时，应在场地边靠近中线处或裁判员赛前规定的区域内进出场地。

（3）守门员

每队必须有一名守门员上场竞赛：

①受伤而不能继续竞赛或受罚下场的守门员应立即由另一名守门员替换。

②没有替补守门员时，替换守门员的场上队员必须佩带头盔，穿上颜色不同于双方场上队员的上衣，并允许其及时地佩带其他护具。

③守门员受罚期间，该队在场上的队员必须少一名。

（4）队长

每队必须有一名场上队长，队长必须佩带明显的袖标。

①负责赛前挑边；挑边获胜的一方有权选择竞赛开始时进攻哪个半场或拥有开球权。

②如被罚下场，应向裁判员指明将替代自己担任队长的队员；该队员必须佩带明显的袖标。

③为本队替换队员负责。

④为本队包括替补队员在内的所有队员的行为负责。

（5）入场的限制

竞赛期间，除裁判员和运动员外，其他人员未经裁判员允许，不得进入竞赛场地。

裁判员

（1）裁判数量

由两名裁判员负责执法竞赛，实施规则。他们是公平竞赛的惟一的裁决人。

（2）裁判职责

场上队员或替补队员，无论在场上还是场外，包括黄牌或红牌受罚期间，均受这两名裁判员的管辖。两名裁判员在整场竞赛中不交换场地。他们的职责是：

①主要负责本半场的判罚。

②确保竞赛打满整场竞赛时间或商定的竞赛时间；在上下半场到时后因继续短角球的判罚而延长竞赛时，负责鸣哨示意上半场或全场竞赛的结束。

③完全负责本侧边线和本半场端线球出界的判罚。

④完全负责本半场内长角球、短角球、点球和进球以及本半场弧内任意球的裁决和判罚。

⑤对进球和罚牌做出书面纪录。

⑥竞赛中或中场休息时不得对运动员进行指导。

（3）鸣哨情况

裁判员在下述情况下鸣哨：

①每个半场竞赛的开始和结束。

②实施判罚。

③点球的开始和结束。

④必要时示意球已整体出界。

⑤示意进球。

⑥进球或判为进球后恢复竞赛。

⑦在未进球或被判为进球的罚点球后恢复竞赛。

⑧因其他缘故暂停竞赛和暂停后恢复竞赛。

6. 曲棍球的相关术语

曲棍球的术语很多，比较常用的有干扰球棍、运球等。

干扰球棍

指竞赛中，队员用球棍钩扣、推压、击打或用手抓住对方队员球棍，以致于影响和干扰对方进行正常的台球，称为"干扰球棍"。

运球

是击球基本技术的一种。指利用手腕和手臂的自然摆动力量，连续不断地轻轻拍击、拨弄和推球，使球向前运行。

任意球

队员在本方射门区以外犯规，一般均判罚任意球。

(1) 实施

罚球时，应将球静止地放在犯规点，由主罚队员击球或沿地面推球，不准铲击球、推挑半球和挑高球。其他队员均应离球至少4.57米以远。主罚队员将球击出后，在未经其他队员触及前，不得再击球和接近再次击球的距离以内。

(2) 男女的不同

①在男子竞赛中，如攻方队员在守方 14.63 米线以内为犯规，则守方可在垂直球门线穿过犯规地点的 14.63 米线上任意一点执行。

②在女子竞赛中，攻方如在守方的射门区内犯规，则守方可在射门区内任何一点上执行。

点球

指防守队员在本方射门区内犯规，其行为为阻止对方射门得分时，判罚"点球"。

（1）状态要求

球须静止地放在离球门 6.40 米的罚球点上。

（2）人员位置要求

除守方守门员和攻方主罚队员外，其他队员均应站到守方 23 米线外。

（3）动作实施

允许主罚队员向前跨一步，用推球、挑拨球或排球射门。守门员在对方球未击出前，任何一脚不得离开球门线，救球时不得举棍超肩挡球。

短角球

指防守队员在防守时，故意将球击出本方球门线，或在本方 23 米线内故意犯规、本方射门区内犯规时，对守方的一种判罚。

（1）球的要求

罚球时，将球静止地放在离守方球门柱 9.14 米处的球门线上。

（2）队员位置要求

①守方最多有 6 名队员站在本方球门线外，其余队员站在中线外。

②攻方除 1 名击罚球的队员外，其余队员均必须站在射门区外，直到球被罚出。

（3）其他要求

如罚出的球未被守方队员触及，攻方必须先停球，然后射门；如采用手停球，则须待球静止停在地上后射门，否则无效。

长角球

指守方队员在本方23米线内，无意地将球碰出本方球门线时，由对方一名队员将球放置在距角旗4.57米以内的球门线或边线上，将球击入场内。击球方法与近角球相似。

侵人

指竞赛中，撞、绊、推、踢、拉、打对方队员，称为"侵人"。如在本方射门区以外侵人犯规，判罚任意球；在本方射门区以内侵人犯规，则判罚近角球或点球。

挥击球

指运动员利用手臂和腰部力量，由后向前挥棍将球击出的方法。其特点是力量大、球速快、运行距离长。多用于较长距离的传球、击14.63米球和射门。

推球

指击球时，球棍置于球的后方，紧靠着球，利用棍柄的顶端将球推送出去的一种基本击球方法，多用于短距离的传球，具有准确性高的特点。是后卫传球给前卫或前锋、前卫传球给前锋的常用手段。

推击球

击球动作与推球相似，击球时两臂与身体重心向前移动，同时利用手腕动作猛推和抖动，使棍面向上倾斜，推击球的下半部分，使球弹离地面平飞。推击球常用于射门。

铲击球

击球基本技术的一种。指运用手腕力量使球棍的头部抽击或撞击球体，将球击打离地运动的一种击球技术。常用于传球和射门。

球门球

当攻方队员将球击出端线，或守方队员在后场线外故意地将球击

出端线，由守方队员在正对球出界处的 *14.63* 米线上击球，重新开始竞赛。击球门球时，除出球队员外，双方其他队员均必须离球至少 *4.57* 米。

接球

可分为双手执棍接球、单手远伸停接球、翻棍接球和手停接球等。常用于傍球和对球的控制。

超肩

指竞赛中，队员在停球或击球时，将球棍的任一部分举起超过房的同等高度，均为"超肩"。如在本方射门区以外超肩犯规，判罚任意球；在本有射门区以内超肩犯规，则判罚近角球。

守门员踢球

指守门员在球门区内利用两腿劈叉、弯、曲、转向，以及用脚挡住对方的射门的各种动作称为守门员踢球。

阻碍

指竞赛中，队员以身体或球棍插入对手与球之间击球，或在持球时将身体置于对手与球之间，以阻碍对手抢球，以及阻碍对手使同伴击球、得球，均称为"阻碍"。

7. 曲棍球的基本技术

曲棍球的基本技术包括握棍方法、运球技术、推球技术等。

握棍方法

左手握在球棍末端，掌根与棍柄顶端的距 *10* 厘米，四指并拢，拇指与食指的距离大约 *14* 厘米左右。以感觉舒服、动作自如为原则。

运球技术

指在跑动中控制球的技术，是在竞赛中带球前进和过人的一种方法。通常有原地运球、运动中运球等。

（1）原地运球

原地运球即原地拨动球，动作方法是：

①左手握紧棍柄的末端，虎口对着棍背，食指伸贴在棍柄上。

②右手抓握棍柄中部，呈空拳放松，便于球棍转动。

③球棍与左手腕形成一个转动轴，右手为转动支点，使棍头向左做上下翻转运动。

④随着球棍的转动和右手推拉的动作，左右拨动运球，球在转动的棍头的包含之中，左右移动。

⑤球在正前方距两脚连线 25～40 厘米处，两眼盯球，保证有效视野在 3～4 米左右。

（2）运动中运球

运动中运球的握棍方法基本同原地运球，两手的动作根据球的运动情况应更为灵活，球始终控制在前方或右前方。

①左侧推球行进　常在平整的场地上使用，动作方法是：将球置于右侧前方，用棍面紧贴球，向前推球，始终保持球不与棍脱离。

②拨转球行进　动作方法是：

在原地运球的基础上，迈开步伐前进。

球不离开球棍，棍头上下翻转不离开球，使球在左右移动，并呈"之"字形向前跑动。

（3）曲线运球

曲线运球，即运球时路线呈曲线，它是竞赛中最实用的综合性运球技术，动作方法是：

①球做大幅度的左右摆动，变向跑动，形成一条曲线运动。

②球离身体较远时，要结台单手持球钩拉、敲击等动作。

推球技术

（1）适用

多用于短距离之间的传球。

（2）特征

它使球在地面上较平稳地滚动，具有较高的准确性，因而在竞赛中运用广泛，有很大的实用价值。

（3）动作方法

①推球时，两手在上述握棍方法的基础上，右手可再稍前握一些。

②两脚自然分开，左肩对着出球方向。

③击球时应降低身体重心，球棍不作任何后摆动作，在保持与球接触的情况下，利用右手向前推送，左手向后拉压，将球向前推送出去。

停接球技术

（1）适用

多用于停接来球后，使球保持在自己控制的范围内，以便下一步运球，传球或射门。

（2）分类

根据来球的情况不同，有双手执棍停接球、棍左侧停接球、单手远伸停接球和手停接球等多种方法。

（3）动作方法

①用棍停接球时，要尽量保持在身体右侧接球，侧身左肩对来球方向，身体重心分在两用的前脚掌上，身体前倾，重心下降，低头视球。

②球棍必须保持与地面接触，以免漏球，双手按上述握很方法执棍，根头与地面和球接触的地点应在右肩下方，棍柄顶端应在左大腿

中间的水平线高度，使球棍与地面约成70度的前倾角，以便于稳住来球。

③停接球时不要把棍伸出去迎球，而是应等球滚到球棍处。必要对触球瞬间球棍可略微后些，以便缓冲来球的力量。

④当需停接身体左边的来球时，应先翻转球棍。

挥击球技术

（1）适用

通常在较长距离的传球和射门中（尤其是射角球时）运用较多。

（2）特征

特点是力量大、球速快、运行距离长。

（3）动作方法

①握棍方法　挥击球时的握棍方法与上述握棍方法相同，只是为了达到充分挥动球棍的目的，两手间的距离要适当再靠拢一些。通常可采用三种方法：

右手向上滑动，左手不动，是有利于发挥力量的挥击握棍方法。

左手向下滑动，有利于运用手腕力量，迅速完成击球动作。

双手同时等距离向上向下滑动。

②准备姿势　侧向站立，两脚分开与肩同党，低头前倾，两眼看球，左肩对出球方向，棍后拉，身体重心平分在两脚上。

③击球　随着身体向左前转动，双手执棍向前下挥摆，身体重心向前脚移动，在左脚前面适当的距离（大约23厘米左右）击球，棍球相击时，棍面要与地面接近成一直角。

控制球技术

（1）目的

控球是运动员在身体前面用棍面连续不断地、快速地、左右来回地拨弄球，旨在将球置于自己棍的控制范围以内，以便过人和带球

推进。

（2）动作方法

①为了便于快速左右翻棍，左手要再稍向内转握，虎口转向棍的背面，右手握法依旧，但要松握，以便球棍能在手中转动自如。

②整个技术动作过程表现为：

在身体前面用棍面将由右朝左横向推拨。

当球接近左脚时，球棍迅速从球的上方翻转，尔后又保持这一翻转姿势迅速将球从左向右拉拨。

整个技术动作过程完全依靠手腕和前臂旋内旋外的快速动作来完成，棍面与球几乎始终保持接触状态。

来回拨球的速度越快，过人的机会就越大，被对方抢截的可能性就越小。

守门员技术

（1）停挡射门球

这是守门员利用护具、身体、手或球棍停挡来球的守门方法。

①并腿停挡直线地滚球　当对方正对门射来直线地滚球时，可采用迅速并拢腿和脚，利用护具停挡来球，两脚尖略微分开些，脚后跟和膝关节尽量并拢，以免球穿裆而过。

②分腿停挡体侧地滚球　如对方射来的地滚球不正对守门员时，那么就采用分腿（伸腿）停挡技术方法。要尽量做到使护具朝前平行铺开，一腿远伸，另一腿斜跪，眼睛看球，两手保持身体平衡。

③手停挡空中球　这是守门员停挡射来的空中球的主要技术方法。关键必须要球击手，如用手推球而使球改变方向则属犯规行为。需要时可换手握棍，以便左右手都能随时停挡来球，也可用棍面来停挡来球，但不能用棍停挡高过肩部的来球。

（2）扫清门前

指守门员用棍或脚在停挡射门球后，或直接将射来的球迅速击、踢出射门区的技术方法。

①一般有用棍击球和用脚踢球两种。

棍击球　守门员用棍扫清门前的关键是要求守门员全面掌握各种主要用棍击的方法，而且必须要能左右手均可出棍，动作迅速准确、简练果断，否则，就将会被对方队员的快速抢上补射破门。

脚踢球　脚踢球时首先要控制好自己的身体重心，一手短握球棍，眼睛盯住来球，踢球脚的脚尖在触击球前要下垂，以保证用脚背踢球，脚要紧贴地面，以防踢空漏球。

②动作要点　守门员踢球必须做到有把握、准确有力、左右脚均能踢球，方法上可采用脚尖、脚背和脚的内、外侧来踢球。

（3）封堵与出击

指守门员在对方射门前迅速抢占最有利位置，以便封住对方射门角度和迅速冲出破坏对方有效射门的技术方法，关键是要求判断，移动迅速准确，出击果敢迅猛。

8. 曲棍球的基本战术

曲棍球的基本战术包括阵形战术和打法战术两大部分。

阵形战术

现代曲棍球竞赛战术阵形的发展越来越朝着全攻全守，增加中场争夺力量的趋势发展。

（1）倒锥塔式阵形

倒锥塔式阵形，即5—3—2—1阵式，也叫全面技术型。

（2）均衡式阵形

均衡式阵形，即 *4—3—3—1* 阵式，是从倒锥塔式阵形发展而来的。

（3）欧洲式阵形

欧洲式阵形，即 *3—3—3—1—1* 阵式，也叫主攻全守型。

打法战术

曲棍球的基本战术打法与足球很相似，但也有自己的特点，常见的战术打法有六种。

（1）右路进攻战术

右路进攻战术源于曲棍球的规则特点。由于规则规定只准棍面触球，所以进攻时在右侧控制球要方便得多，而从左侧抢球、控制球就很困难，再加上右路的防守也较顺手，所以就逐渐发展成以在路进攻为主的战术。

（2）边锋下底传中战术

边锋下底传中战术是指，利用场地的宽度，边锋高速从两边打开缺口，带球下底传中射门。这是最见威胁力的战术之一，而目两翼拉开，往往也能给中路突破带来机会。这个战术运用的好，能将全场战术打活，且富有主动权。

（3）快速反击战术

在对方全线进攻、反复推进之时，抓住机会以长传和高挑球方式进行快速反击，常能有效地利用对方后方的空虚获得成功。现代曲棍球竞赛中，在势均力敌的情况下，快速反击战术往往可以打开局面。

（4）转移包抄战术

转移包抄战术是指，在进攻中利用三角配台或长传，转移进攻方向，由另一侧包抄突破或打门。由一侧组织进攻，吸引对方的防守，另一侧就会留出空当，此时本队队员及时包抄，攻其不备。

（5）破坏性战术

破坏性战术是指，领先一方为了保持比分、维持领先而采取的拖延时间的战术。例如，领先一步将球重击出对方端线，或击出远端的边线来瓦解对右攻势和意志。

（6）固定球战术

固定球战术是指，在射门区内利用规则迫使对方犯规，制造门前任意球或点球的机会。或者利用前场边线球、短角球、长角球的机会，直接吊冲补门或迂回破门。

9. 曲棍球的基本规则

作为一个集体项目，为了保证竞赛的顺利进行，曲棍球有许多规则，具体包括竞赛时间、开始和恢复竞赛等。

竞赛时间

（1）总体时间

除非另有商定，竞赛分两个半场，各35分钟。

（2）竞赛开始

每个半场在裁判员鸣哨示意中场开球时，即为竞赛开始。

（3）中场休息

按事先商定休息5至10分钟，两队交换场地。

开始和恢复竞赛

（1）中场开球

①从场地中心开球；

②可向场地任何方向推球或击球；除开球队员外，双方所有队员均应位于本方半场内；

③开始竞赛时，由未选择场地一方的一名队员开球；

④下半场开始竞赛时，由另一方的一名队员开球；

⑤进球后，由失球一方的一名队员开球。

（2）开球方式

①对方所有队员应离球5米以外；

②以推球或击球的方式开球；

③球必须至少移动一米；

④开球后，在不论哪个队的另一名队员触球前，发球队员不得再次触球，也不得留在或进入控球范围内；

⑤不得故意将球打起，或以危险或可能导致危险的方式开球。

（3）球出界

球整体越过边线或端线时，则为死球，应用该球或另一个球恢复竞赛。

①球出边线：

在球出界附近的边线上发球；

对发球队员发球时身体位于边线内或边线外，没有要求；

由球出界前最后触球一方的对方一名队员发球。

②球出端线　进攻队员将球打出端线而又未进球：

在球出界处或附近的正前方、平行于边线、距端线不超过14.63米处发球；

由守方一名队员发球。

③球出端线　防守队员无意将球打出端线而又未进球：

球出界一侧的边线上、距角旗5米的标志线上发球；

由攻方一名队员发球。

④球出端线 防守队员故意将球打出端线而又未进球（但允许守门员做的动作除外）：

在球门任意一侧的端线上、距门柱10米标志处，或该标志与弧线之间的端线上的任意一点发球；

由攻方一名队员发球。

（4）争球

①出现下述情况之一，应通过争球恢复竞赛：

竞赛进行之中必须更换竞赛用球；

双方同时犯规；

在没有犯规的情况下，因受伤或其他原因而暂停竞赛。

②争球方法：

由裁判员决定争球地点，但争球地点不得位于距端线 14.63 米的区域内；

双方各出一名队员争球，两人身体右侧对着本方的端线，面对面站立；

球置于两人之间的地面上；

两人先用球棍轻敲球右侧的地面，然后在球的上方用球棍的正面轻敲对方的球棍。交替进行三次后，经其中任何一人触球，即进入竞赛状态；

在球未被触到之前，其他队员应离球 5 米以外。

进球和胜负

（1）进球的判定

①球在弧内被进攻队员触到后，在未出弧前整体从横梁下越过球门线，判为进球；

②进攻队员弧内触球之前或之后，球触到防守队员的球棍或身体，也判进球有效；

③弧内暂停竞赛后，球必须再次被进攻队员触到，才判进球有效；

④守门员违反点球规则，从而阻止了进球，判为进球；

（2）进球的结果

进球多的队为胜队。

竞赛行为

曲棍球竞赛中必须顾及其他运动员的安全。本规则说明的就是对

运动员的安全有影响的行为。

（1）禁止行为

①利用球棍和竞赛器具：

故意用球棍的背面打球；

在手中没有球棍的情况下参加或干扰竞赛；

以球棍的任何部位超过肩部打球；

举棍过头；

以危险、恐吓或妨碍对手的方式使用球棍；

以危险或可能导致危险的方式打球；

击、勾、撞、踢、推、绊、击打或抓抱其他队员或其他队员的球棍或服装；

向场地、球、其他队员或裁判员抛掷任何物品或竞赛器具。

②利用身体和手脚（守门员除外）：

用手挡球或抓球；

故意用身体的任何部位挡球、踢球、推动球、拣球、抛球或持球；

抢球时用脚或腿支撑球棍；

故意进入对方的球门或站在对方的球门线上；

故意从球门后跑过。

③高球

除射门外，故意将球打起，包括罚任意球在内，在任何地点击球时无意将球打起，除非危险或可能会导致危险，否则不视为犯规；

故意挑高球，使其直接落入弧内；

在接落地高球的对方队员触到球并使球落地前，进入该队员 5 米的范围内；

向其他队员身上打起高球。

④阻拦　以下列方式阻止对方队员拿球：

将身体或球棍置于球和对方队员之间；

用球棍或身体的任何部位护球；

对对方队员的球棍或身体实际构成干扰。

⑤制造犯规　迫使对方队员无意犯规。

⑥拖延时间　拖延时间，延误竞赛。

（2）允许行为

①球在本方弧内时，守门员可以：

只要没有危险或不会导致危险，用球棍、护脚或护腿推动球，或用包括手在内的任何身体部位挡球，但不得推动球或卧于球上；守门员卧于球上，应视为阻拦。

只要没有危险或不会导致危险，使用球棍超过肩部挡球或垫球；

用球棍的正面或边缘或身体的任何部位将球从横梁上或立柱旁垫出端线外。

②球在本方弧外时，守门员：

除主罚点球外，不得进入对方半场参与竞赛；

不再享有守门员的特权。

③如果球碰到裁判员的身体或场地上任何松软的物品，包括无意掉落地面的竞赛器具，竞赛应继续进行。

任意球

（1）判罚

发生下述犯规行为，判罚任意球：

①进攻队员在对方 25 码区内犯规；

②防守队员在本方弧外 25 码区内无意犯规；

③任何队员在两个 25 码区之间的中场区域犯规。

（2）判罚的实施

①距弧 5 米以外罚球：在犯规地点附近罚球；

②守方弧外距端线 16 码范围内罚球：在距端线 16 码的范围内、

端线至犯规地点的延伸线上、平行于边线的任意一点罚球；

③守方弧内罚球：在弧内任意一点，或在距端线16码的范围内、端线至犯规地点的延伸线上、平行于边线的任意一点罚球；

④攻方在距弧5米以内罚球：在犯规地点附近罚球，除罚球队员外，双方所有队员均应离球5米以外；

⑤罚球前球必须静止不动；

⑥罚球队员推球或击球，球移动1米后，罚球一方的其他队员才可以触球；

⑦不得故意将球打起，或以危险的或可能导致危险的方式罚球；

⑧罚球队员罚球后，在另一名队员触球前，不得再次触球，也不得留在或进入控球范围内；

⑨对方队员必须离球5米以外。如果对方队员为获取利益而位于5米以内，也没有必要拖延任意球的判罚。

短角球

（1）判罚

发生下述犯规行为，判罚短角球：

①防守队员在本方弧外25码区内故意犯规；

②防守队员在弧内故意犯规，但并未妨碍对方的进球，或使对方丧失实际的或可能的控球权；

③防守队员在弧内无意犯规，但并未妨碍对方可能的进球；

④防守队员故意将球打出本方端线；

⑤球在弧内落入守门员的护具或服装内。

（2）短角球的实施

①将球放在球门任意一侧端线上距球门柱10米的标志处，或该标志与弧线之间的端线上任意一点。

②攻方一名队员推球或击球，推球或击球时不得故意将球打起；

③罚球队员必须至少有一只脚位于场外；

④双方其他所有队员均应离球 5 米；

⑤攻方其他队员在场上站位时，球棍、手和脚不得接触弧内的地面；

⑥包括守门员在内，守方最多可有 5 名队员位于端线外，站位时球棍、手和脚不得接触弧内的地面；

⑦守方其他队员应位于中线以外；

⑧球被推出或击出前，除罚球队员外进攻队员不得进入弧内，防守队员不得越过中线或端线；

⑨罚球队员将球推出或击出后，在另一名队员触球前，不得再次触球，也不得留在或进入控球范围内；

⑩球在弧外地面被停住或自行停止滚动之前，不得射门；进攻队员可传球或垫球，但只要球位于弧外 5 米之内，就必须在球被停住或自行停止滚动后方可射门；

⑪如果第一次射门是击球，除非球在向球门运行时触到防守队员的球棍或身体，否则球越过球门线时的高度不得超过 460 毫米（球门挡板的高度）；因此，球在被垫到前，其飞行路线必须能导致这一结果；

⑫对推挑球、垫球和挑球以及第二次及其后的击球射门，只要没有危险，没有高度限制；

⑬罚球队员不得直接射门；直接射门时，即使球被防守队员碰入门内，也判进球无效；

⑭如果球运行至弧外 5 米以外，短角球规则即不再适用。

（3）重新判罚短角球

在下述情况下，可以重新判罚短角球：

①防守队员站位时脚、手或球棍触及弧内的地面；

②在罚球队员触球之前，防守队员没有离球 5 米以外；

③在罚球队员触球之前，防守队员越过端线或中线。

（4）视为短角球结束

半场或全场竞赛到事后，如果正在实施短角球的判罚，竞赛应继续进行，直至短角球结束。为此目的，出现下述情况之一，即视为短角球已经结束：

①进球得分；

②进攻队员犯规；

③防守队员犯规，但应重新判罚短角球或判罚点球的犯规除外；出现后一种情况，竞赛应继续进行，完成短角球或点球的判罚；

④球运行至弧外5米以外；

⑤球被进攻队员从端线打出弧外，或被防守队员无意从端线打出弧外；

⑥从攻方在端线处罚短角球起，球第二次运行至弧外。

点球

（1）判罚

发生下述犯规行为，判罚点球：

①防守队员在弧内故意犯规，以阻止对方的进球，或使对方丧失实际的或可能的控球权；

②防守队员在弧内无意犯规，但因此阻止了对方可能的进球；

③防守队员防守短角球时连续数次提前冲离端线。

（2）罚球过程

①裁判员示意判罚点球时，停止计时；裁判员在点球判罚结束后鸣哨恢复竞赛时，恢复计时；

②罚点球开始之前，主罚点球的队员站在球后靠近球处；

③除守方守门员和主罚点球的队员外，双方其他队员应位于近侧25码线外，不得干扰罚点球的进行；

④守门员应继续佩带头盔，不得以拖延时间为目的而没有必要地摘掉任何护具；

⑤守门员应双脚站在球门线上，在球被触动之前，不得离开球门线，也不得移动双脚；

⑥在控制罚点球的裁判员确认罚球队员和守门员均已做好准备，鸣哨示意后，罚球队员才可以罚球；

⑦罚球队员可以用推球、推挑球或挑球的方式将球从罚球点罚出；

⑧球的飞行高度没有限制；

⑨罚球队员只能触球一次，触球后不得向球或守门员移动；

⑩罚球过程中，罚球队员可以向前跨一步，但在球被触动前，后脚不得超过前脚；

⑪罚球队员不得做假动作。

（3）点球的结束

①进球或判为进球；

②球在弧内停止滚动、落入守门员的护腿内、被守门员挡住、或运行出弧，或罚球队员犯规而未进球或判进球无效；

（4）罚点球后恢复竞赛

①如进球或被判为进球：中场开球；

②如未进球或被判为进球：由守方一名队员在球门线正前方 16 码处推球或击球。

判罚后的再次犯规

（1）被罚队犯规

如果在已做出的判罚尚未实施时被罚队又发生犯规，可将任意球的罚球地点向前推进 10 米，或升级判罚并/或按不良行为处理。

（2）主罚队犯规

如果是主罚队犯规，可改变判罚方向。

对运动员的处罚

（1）处罚方式

对粗野或危险动作、不良行为（包括队长未履行规则规定的职责）或任何故意犯规，裁判员除予以相应的判罚外，还可以：

①口头警告犯规队员；

②绿牌警告犯规队员；

③出示黄牌，将犯规队员暂时罚出场，时间不少于5分钟（纯竞赛时间）；

④出示红牌，取消犯规队员本场竞赛资格。

（2）受黄牌处罚

①受黄牌处罚的运动员应呆在指定区域，直至向其出示黄牌的裁判员示意，允许其恢复竞赛；

②受黄牌处罚的运动员中场休息时可以回到自己的队中，但应在下半场竞赛开始前回到规定的受罚区域；

（3）受红牌处罚

受红牌处罚的运动员不得留在赛场内及其周边区域。

（4）替补队员的处罚

对替补队员的不良行为，裁判员可予以警告或出示绿牌、黄牌或红牌，效果如下：

①替补队员黄牌受罚期间，该队场上队员应减少一人；

②如替补队员被出示红牌，该队在该场竞赛的剩余时间里应减少一人；

事故和伤害

竞赛中出现事故或者伤害时，处理情况如下：

（1）如果在竞赛因事故而中断前进了球，而该球在假设没有发生事故的情况下也会进，则应判进球有效；

（2）如果运动员因伤而不能继续竞赛，裁判员可以暂停竞赛；

（3）除非因医护原因而无法做到，否则受伤或流血的运动员应在保证安全的前提下尽快离开场地，接受治疗；

（4）受伤运动员在伤口包扎完毕后才可以返回场地；穿带血渍服装的运动员不得留在或进入场地；

（5）如果裁判员因伤而不能执法，应暂停竞赛，如果因伤不能继续执法，应由替补裁判员替换；

（6）应以争球、相应的判罚或在进球的情况下以中场开球的方式恢复竞赛。

第五章

门球运动的竞赛与裁判

1. 门球的发展历史

门球是在平地或草坪上，用木槌击打球穿过铁门的一种室外球类游戏，又称槌球。门球起源于法国，13世纪传入英国后开始流行起来，如今已经演变成为了一项为世界各国人民喜爱的运动。

门球的起源

关于门球的起源，目前大约有三种说法。

（1）起源于中国

门球源中国唐代，是由当时一项名叫"捶丸"的运动发展出来。

（2）起源于法国

门球起源13世纪的法国，原为"Croguet"。起源于法国是门球三种传说最为受人认可的一种。

（3）起源于日本

门球运动于1947年起源于日本，由日本北海道的铃木先生根据"槌球"而设计的一项体育运动。

世界门球的发展

门球运动始于法国，当时称为槌球，传到英国以后大为风行，1947年12月，传入日本北海道，经过铃木和伸的改良和精简，而成为目前风靡日本的门球运动。

当初引进门球运动的铃木和伸，原只希望用这种轻柔的运动来教导小孩子，使日本从战败后的黑暗时代挽回光明的希望。想不到活动一推出，就受到许多人的赞许和喜爱，所以后来又以女子高中学生及公务员为推广、奖励的对象，结果同样受到欢迎尤其是从未有机会享受运动乐趣的老年人，在参加过之后，更是爱不释手，乐此不疲。

中国门球的发展

20世纪30年代，门球传入中国，当时只在燕京大学作为游戏课

内容。

1987 年成立中国门球协会，简称"中国门协"。中国门协成立后，随之北京上海天津内蒙古等地方也相继成立了门协，1989 年 10 月，我国加入世界门球协会，1991 年 5 月又加入了亚洲门球联合会。

如今，门球运动在中国的得到了蓬勃发展，尤其受到了城市中老年朋友的喜爱。

2. 门球的特点和作用

门球运动可以健身益智，运动强度又不大，因此受到很多中老年朋友的喜爱。

运动的特点

与别的体育项目一样，门球具有群众参与性、娱乐性、健身性、协调性、竞争性等特点外，还有一个不同的特点。

（1）安全性

门球运动的猛烈程度以及耗费的体力程度较小，它没有强烈的冲击性和肢体的碰撞性。它和桌球（台球）极为相似，它的运动过程和思维都有相同之处，具有一定的高雅性，运动安全，不会给选手带来身体伤害。

（2）多人参加

与台球等运动不同的是，门球实行多球多人制。

（3）场所独特

门球在室外地上的阳光下，绿树环抱中，这不同于很多室内运动。

（4）节奏不同

在时间上，门球是以 30 分钟为时限，在这 30 分钟之内，每人一球，由裁判员呼号后击球轮流对号入场，竞赛定多人多球制。

此外，门球还有简单易学、健身益智、老少皆宜等特点。

运动的作用

(1) 使身体得到全面锻炼

打门球的基本活动是瞄准、击球、拾球和到位。在活动中伴随着快步走或慢跑，可以使全身的器官运动，特别是手，臂、腰、腿、脚、以及视力、听力、内脏和神经系统都得到锻炼。

(2) 进行充分的日光浴和空气浴

门球活动是一项户外运动，又因其活动量较小，能持续活动几个小时，可以进行充分的日光浴和空气浴，这是门球户外运动"得天独厚"的优点。经常进行日光浴和空气浴有增强体质和防病治病的作用。太阳的光辐射还可以使人心情舒畅，并改善人体组织的新陈代谢；人体皮肤与空气接触，可产生相应的生理效应，提高身体对气温的适应能力。

(3) 增强脑细胞的活力

门球活动中的技、战术的运用和整体配合，以及打球所处的位置，都需要用脑力，这样日复一日地进行脑运动，就会增强脑细胞的活力，锻炼思维和记忆能力。打门球可以说是体脑并用的运动项目，而体脑运动的有机结合，正是门球运动的独具之长，所以这项运动更有益于老年人健康长寿。

(4) 具有显著的心理保健作用

门球是运动和娱乐兼而有之的项目。它不仅对肢体健康有益，而且能愉悦参加者的情绪。打起门球来，妙趣横生，心醉神达，忘却生活中的种种烦忧，老年人的孤独感、失落感也消失了，同时还增多了朋友之间的交往和友谊，对老年人心理保健起到重要作用。

3. 门球竞赛的场地

门球竞赛的场地包括球门、终点柱等。

门球场地

(1) 总体要求

门球场地为矩形，是由限制线圈定，无任何障碍物。

(2) 场地规格

竞赛线长 *15* 至 *20* 米，宽 *20* 至 *25* 米。

(3) 限制线

场地的限制线在竞赛线外 *1* 米处。

(4) 竞赛线宽

原则上，竞赛线宽 *5* 厘米，限制线及其他线要易于识别。场地的尺寸以线的外沿为准。

(5) 竞赛线颜色

线的颜色与场地地面要易于识别。

(6) 场地外角

竞赛线构成 *4* 个外角，自发球区开始，依逆时针顺序，依次为第 *1* 角、第 *2* 角、第 *3* 角、第 *4* 角。

(7) 各个线的划分

①第 *1* 角和第 *2* 角之间的线为第 *1* 线；

②第 *2* 角和第 *3* 角之间的线为第 *2* 线；

③第 *3* 角和第 *4* 角之间的线为第 *3* 线；

④第 *4* 角和第 *1* 角之间的线为第 *4* 线。

(8) 发球区

发球区是一个矩形，其边线由第 *4* 线及其外线、以及从第 *1* 角向

第4角方向的1米和3米距离的垂直线组成。

球门

（1）各个门位置

球门包括第1门、第2门、第3门，每个球门的位置如下：

①第1门的位置：球门线与第4线平行，与其外沿垂直距离4米，其中心点与第1线外沿垂直距离2米；

②第2门的位置：球门线与第1线平行，其中心点与第2线外沿垂直距离2米，与第1线外沿垂直距离为第2线全长的3/5；

③第3门位置：球门线与第3线平行，其中心点与第4线外沿垂直距离2米，与第3线外沿垂直距离为第4线全长的1/2。

（2）规格和颜色

①球门由直径为1厘米（+/-1毫米）的圆形金属棒弯曲而形成，有两个直角，形状类似"把手"。

②球门垂直地固定在地面上，门高19厘米、宽22厘米。

③球门的颜色与场地要易于识别。

（3）球门标号

每个球门均应标有球门标号，标号的高度和宽度均不应超过10厘米，且应置于球门上方。

终点柱

（1）位置

终点柱置于场地中心。

（2）规格和颜色

终点柱为直径2厘米的圆柱，垂直竖立于地面且高于地面20厘米。终点柱的颜色与地面易于识别。

自由区

（1）位置

自由区设在限制线外。

（2）空间要求

为了确保竞赛顺利进行，自由区应有足够的空间。

（3）进入限制

竞赛进行期间，只有运动员、教练员、裁判人员以及经允许进入该区的人员可以进入自由区。

替换席

（1）位置

替换席设于自由区内。

（2）项目设置

替换席内应为运动员、教练员准备座位。

计分牌

（1）位置

应设在场地内运动员和观众能看到的位置。

（2）其他要求

计分牌的设置应视场地情况而定，且不能影响竞赛。

4．门球竞赛的器材

器材包括球槌、球和队员装备。

球槌

（1）组成和材质

球槌由槌头和槌柄组成，呈 T 字形，重量及材质不限。

（2）槌头规格

槌头长 18 至 24 厘米，材质坚硬，原则上为圆柱形。槌头横断面直径在 3.5 至 5 厘米之间。

（3）槌柄规格

槌柄长度在 50 厘米以上，固定在槌头的中间，槌柄可以是弯曲的。

球

（1）球的规格

球的直径为 7.5 厘米（±0.7），球的重为 230 克（±10 克）。

（2）球的材质

由合成树脂制成的质量均匀的球体。

（3）数量和颜色

①竞赛共有 10 个球，红、白各 5 个。

②红球标白色奇数号码，为 1、3、5、7、9。

③白球标红色偶数号码，为 2、4、、6、8、10。

④号码尺寸为 5 厘米，标在球面对称的两处。

装备

（1）队员服装

同一队的所有队员须统一着装。所有运动员包括替补队员均应在胸前、背后或手臂上佩戴表明击球顺序的号码，号码尺寸应高于或等于 10 厘米，字体不限。

（2）领队标识

领队须在胸前或手臂佩戴表明身份的标识。

（3）队长标识

队长须在左臂佩戴表明身份的标识。

（4）鞋

领队和运动员都必须穿运动鞋。鞋应是平跟的，且不能有损坏场地的东西。

（5）其他限制

队员身上不得可能有妨碍竞赛的物品。

（6）更换装备

击球员在向裁判员示意后可以更换球棒，但只允许将一支球棒带进场内。另外，替换时间不算裁判员用时。被更换的球棒也必须是经过检查的。

5. 门球竞赛的人员

竞赛的人员包括参赛人员和裁判人员两个部分。

参赛人员

（1）球队人数

参加门球竞赛的球队并有 7 名队员。其中设领队 1 人、队长 1 人、队员 5 人。

．

（2）竞赛形式

①竞赛在 2 支队伍之间进行，每支队伍各 5 人。

②竞赛由先攻队伍的第一名运动员开球，然后两支队伍按各自的击球顺序交替进行，直到竞赛结束。

（3）基本守则

领队和队员基本守则：

①应理解并遵守门球竞赛规则。

②必须本着运动员精神接受裁判员的裁决。

③必须本着公平竞赛的精神对待其他队伍、队友及观众，礼貌交流。

④不得有影响裁判裁决及隐瞒队员犯规为目的的行为。

⑤不得有拖延竞赛的行为。

（4）队员替换

①队员替换是指场上队员被替补队员所替换。提交击球顺序名单后，在名单上的每一个替补队员只能替换一名运动员。

②被替换下场的运动员，不能再次上场参加该场竞赛。

③领队或队长应在竞赛开始前或呼号前通知裁判所有替换。

④因替换而上场的球员在呼叫到自己的球号时，必须向裁判员报到。不过，替换不能在场上球员正在击球时进行。

⑤如果已替换下场的队员又重新上场，或替补队员未向裁判报到，竞赛无效。

（5）缺员

①竞赛期间，球队出现缺员时，竞赛可以继续进行，但领队或队长须报告裁判。

②缺席队员的球保持原状，其他队员使其得分有效。

（6）领队职责

领队统领全队，并对队伍的言行负责。其职责有：

①指定队长。

②申请替换队员。

③申请缺员。

（7）队长职责

队长代表全体队员，对全队言行负责。其职责有：

①提交队员击球顺序名单。

②选择先攻、后攻。

③选择替换席。

④竞赛结束后在成绩单上签名。

（8）队长提出疑问的权力

遇到疑问时，队长可按照以下要求向裁判提出疑问：

①疑问的提出只限于事件发生的当时。另外，问题一经回答，队长不应重新提出。

②提出问题时要谦恭有礼。

（9）代理教练职责

①当教练不在场时，队长应代行其职。

②无论教练是否在场，队长均可以被授权代行其职。

（10）队长不能行使职责

当队长不能行使其职责时，必须指定一名队员代理队长，并报告裁判员。

①当教练不在场，且队长不能申请替换时，应在其他队员中指定一人，且报告裁判员。

②代理队长只在该场赛事中行使职权。

（11）队长缺席

当队长不能行使其职责时，必须指定一名队员代理队长，并报告裁判员。

裁判人员

（1）裁判人员的组成

①一个主裁判；

②一个副裁判；

③一个记录员；

④根据需要设司线员。

（2）主裁判的职责

主裁判根据竞赛规则执裁，对竞赛规则中没有规定的情况做出决定。具体职责如下：

①宣布竞赛开始和竞赛结束。

②呼叫击球员击球。

③宣布暂停及重新竞赛。

④宣布竞赛中断及重新竞赛。

⑤决定对妨碍竞赛的人采取处罚。

⑥决定和宣布资格无效。

⑦竞赛结束后，确认竞赛结果。

⑧确定和宣布胜负。

⑨确定和宣布胜负后，接受双方队长签名。

（3）主裁和副裁的共同职责

主裁和副裁的共同职责有：

①检查场地。

②确认双方击球队员顺序。

③确认先攻与后攻。

④检查装备及服装。

⑤判断并宣布过门及撞柱有效。

⑥判断并宣布撞击成功。

⑦判断并宣布界外球。

⑧承认队员替补队员，并告记录员。

⑨判断并宣布犯规。

⑩对妨碍竞赛提出警告。

⑪回答竞赛中的问题。

⑫暂时将球移开。

⑬对无效移动的球做出回应（进行处理）。

（4）副裁的职责

除了上条中和主裁共同承担的职责外，副裁还应协助主裁，当主裁不能履行其职责时，副裁行使主裁职责。

（5）记录员的职责

记录员的职责是：

①根据竞赛规则，在记录表中记下必要的事项（参见84页）。

②回答主裁和副裁需要确认的事项。

③帮助主裁和副裁做出决定。

④在竞赛中，宣布以下时间段：还有15分钟，还有10分钟，还有5分钟，竞赛时间到。

⑤从主裁处得到有关竞赛记录的确认。

⑥计时。

⑦在界外球上协助主裁和副裁执裁。

（6）司线员的职责

司线员的职责是：

①在界外球上协助主裁和副裁。

②对妨碍竞赛提出警告。

6. 门球运动的相关术语

门球术语是门球运动的专用语言。它既要贯彻《门球竞赛规则》既定的术语，又应具有"科学性"、"简明性"、"通俗性"等特征。

球场类术语

（1）1角区—4角区

依角顶点向两边各延长2米，所围成的正方形区域。

（2）门后接应区

接应范围为长宽各3米的正方形区域（简称区）。

①一区：为过一门球接应奔二门的区域。

②二区：为过二门球接应奔三门的区域。

③三区：为过三门接应奔终点柱的区域。

基本球类术语

（1）己方球与对方球

同队队员的球称为"己方球"，对方队员的球称为"对方球"。

（2）在杆球

击球员的球称为"在杆球"。

（3）临杆球

在杆球的下一号（对方）球称为"临杆球"。

（4）待杆球

在杆球的下一号（己方）球称为"待杆球"

（5）上号球

在杆球之前的两个球（对方与己方各一）均称为"上号球"，俗称前一号球。

（6）下号球

在杆球之后的两个球（对方与己方各一）均称为"下号球"。

（7）邻号球

在杆球的己方上下号球均称为"邻号球"。

（8）隔号球

在紧挨该邻号球的己方球称为"隔号球"。

（9）先手球和后手球

按击球顺序，于在杆球后先轮及击球的球是先手球，后轮及击球的球是后手球。（先手球与后手球是随着击球序号的改变而变化，如杆球与待杆球可视为先手球，而当在杆球落杆后即成为最后的后手球）。

（10）绝对先手球

在己方的先手球。之前的对方上号球是界外球时，该球称为"绝对先手球"。

（11）王牌球

绝对先手球同己方上号球结组，可以被派遣他用时称为"王牌

球"。

（12）潜在王牌球

任何一只界内球之前的对方上号球是界外球，该球就视为潜在王牌球。

（13）轮次王牌球

当对方缺员，形成固定缺号，如三轮未过一门失去竞赛资格或提前被撞柱满分或囚犯规被判取消竞赛资格等，则该号的己方下号球，便成为轮次王牌球。

（14）界内球

停留在竞赛线内的球。

（15）界外球

被放置在竞赛线外10厘米的球。

（16）静止球

停留在场内静态稳定的球。

（17）滚动球

击打、撞击、闪击后在场内未停稳的球。

（18）保护球

能抵御对方派遣球的己方先手球。

战术类术语

（1）守门球

占据球门有关位置，阻止对方球靠近球门的球。

（2）位置球

①压线球：压在边线上的球，通常指击打界外球进场使之压在边线上。

②靠边球：离边线不超过20厘米的界内球。

③占角球：占据在场内任何角处的球。

（3）远撞和远冲

①远距离（一般在 8 米以上）的撞击称为"远撞"。

②不考虑自球出界与否，以破坏对方球为目的的远撞称为"远冲"。

（4）接力球

又叫接应球，为给己方球缩短距离，调整位置。制造角度而做的送位球。

①直接接力　在杆球径直为己方先手球接力。

②间接接力　闪送后手球为己方先手球接力。

③球后接力　闪送待杆球到其后的己方球后，待杆球借其前进。

④多球接力　闪（击）送两个以上球（含两个球）为己方先手球接力。

⑤隔门接力　击自球或闪送他球到门后，为未过门的己方先手球接力。

（5）过渡球

又叫"他为我用"，利用对方球完成己方战术任务（如接力调位、摆双杆或当"炮弹"闪带对方球）。

（6）派遣球

闪送己方先手球去执行攻击对方后手球或调整部署或过门、撞柱得分等战术任务。

①直接派遣　在杆球闪送待杆球。

②间接派遣　在杆球闪送己方球到待杆球处，再由待杆球闪送该球。

③传递派遣　在杆球闪送己方球到待杆球处，再由待杆球依序多次闪送，直到派遣达到战术要求。

④子母派遣　在杆球闪送两个己方先手球去进攻。

⑤交替派遣　自球打出对方下号球后，去找己方下号球结组，待

对方下号球进场后，再由己方下号球将自球派去追打对方刚进场的球。

（7）防御球

又叫"隐蔽球"，合理有效的部署己方球，造成对方攻击的困难。为己方反攻作准备。

（8）双杆球

一次击球撞击两球或既撞球又有效通过球门，而获得两次续击权。

（9）三杆球或多杆球

一次击球扫击三个球或既过门又撞击两个他球或诒续两个双杆球为三杆。

7. 门球运动的基本技术

门球的基本技术是门球运动的基本功，它包括握棒方法、击球等。

握棒方法

（1）注意事项

击球员在握棒时（以右打者为例），虎口朝下，虎口贴住不宜太紧，以免影响击球时两个手腕的灵活性。

（2）具体方法

握时左手先握，大拇指自然靠棒，其余四指均与棒头方向平行，自然贴握槌棒的上端，然后右手半张开地将棒托在食指、中指的第三指节上，再将棒卷进右手的指关节内，两手的拇指均自然靠棒贴压在各自的食指处，最后将棒头朝下，棒端朝上置于身前。

门球撞击技术

撞击技术也是门球技术中最基本的技术动作。它在竞赛中应用最多，用途最广，作用也最大。没有撞击技术的基本功，击球就没有根。

（1）握杆

握杆与击球的关系密切，可以说只有握好杆才能击好球。

①球杆的选择　从两手握杆高度看，有高、中、低三种。从两手握杆的距离看，有长、中、短三种。从两手握杆的手势看，有以右手为主，左手配合，也有以左手为主，右手配合的。

②握杆方法　有四指握杆法，也有五指一把抓的。握杆是个性化的，不能大家都采取一种模式。另外，两手握杆过实过虚都不好，而应虚中有实，实中有虚。

（2）四个环节

①一看　看自球，看他球，看目标，看地形。

②二站　站正、站稳、站得放松。站好位是瞄准、击球的前提，只有站好位，才能瞄得准，击得正。

③三瞄准　要点线结合，一般多数采用"五点一线"（即褪头两端、自球前后两个中心点、目击球点。

（4）打法

撞击时，用不同的击球力量而出现多种打法。

①打　对力量要求不是很严格，双不出界即可。

②溜　以自球滚动的余力打上他球。

③靠　份量球，接近他球为目的。

④顶　根据完成任务距离的远近决定力度大小。

（5）动作关键

打好撞击球的关键是：正确瞄准、精力集中、摆幅宜小、力度适中、盯住击点、注重力型。

击球技术

通称为"打"，是指击球员用击球面击打自球的行为。

（1）依基本姿势分类

依击球基本姿势，即根据站位与击球方向线的关系可分为：

①纵向正打　简称正打，又可分为：

开立式　两脚左右分开，骑在击球方向线上。俗称"跨打"。

弓步式　左脚在前成小弓步，身体面与击球方向线垂直，身体正中线与击球方向线重合。

②纵向侧打　俗称中国式侧打，两脚并立半蹲或右脚在前成小弓步。把球槌放在右脚外侧击球。

③横向侧打　简称侧打，是国际上普遍采用的击球姿势。

④贴脚击球法　有单脚式（单轨式）和双脚式（双轨式）两种。

（2）依击球方式分类

依击球方式，即根据槌头触球时的发力方法可分为：

①平打　槌头与地面平行，发力方向是正前方（即瞄准线方向）。

②挑打　俗称提拉，槌头前端高、后端低，发力方向是前上方，可以增加上旋力和转速。

③压打　槌头前端低、后端高．发力方向是前下方（是打擦顶球、跳越球的主要方式）。

④擦打　槌头前端面沿球面的切线方向摩擦击自球的后部或侧面。击打方向与自球滚动方向不一致。

⑤顿打　打法同平打，只是击球面触球后立即停顿在击点，无顺势前摆动作。短而快的发力也称爆打。

⑥勾打　背向瞄准方向站立，以槌头前端面向前下方发力、勾拉自球的上部。

（3）依击球目的分类

依击球目的，即根据击球后出现的结果可分为：

①送位　通过击球使自球达到预期位置；占位球、靠边球、压线球、占角球、守门球、接力球、到位球。

②过门　是泛指经过正当击球使球的整体由球门前方越过到球门线的后方。

过门　仅指以击自球通过球门为目的。

冲门　远距离过门。

溜门　轻力过门，过门后距球门在 1 米左右。

折射过门　击球碰球门柱而改变方向过门。

③撞击　击出的自球移动后触及他球。

正撞（打）　以击中他球为目的。撞击后自球多停在他球原位。

轻溜　轻力撞击　不论击中与否. 自球均距他球在 1 米以内。

贴靠　轻力粘他球，不论贴上与否，自球都要停在距离他球 10 厘米以内。

撞顶　自球与他球相撞，使自球、他球达到预期目的和停在预期位置。如撞顶他球过门，撞顶他球出界……可分正撞顶，偏撞顶；也可使被撞击的他球间接撞顶另一他球。

侧撞　也称分球、擦边球，自球与他球非对心相撞，使自球达到预期目的（他球不出界）。

压跳　也叫压打，压打自球后上部，利用地面反弹力，使自球跳起擦撞他球顶部而过，也称擦顶球。未擦填上他球，称跳越也称越顶球。

跟进　自球撞击他球后跟随他球前进。

④撞击双出界　自球撞击他球后，自他球均出界。俗称同归于尽。

⑤撞柱　已过三门的球触及终点柱。

⑥碰柱　未过三门的球触及终点柱。

⑦碰撞　在一次击球过程中，自他球多次接触。

闪击技术

（1）依闪击基本姿势分类

①侧（横向）闪击：身体面向与闪击方向线平行。又可分高姿势和低姿势两种。

②正（纵向）闪击：身体面向与闪击方向线垂直。

（2）依闪击方式分类

①正放正打：自、他球球心连线和踩球脚垂直. 槌头中心线正对击球方向线。

②正放斜打：自、他球球心连线和踩球脚垂直，槌头中心线明显与瞄准方向线有角度。主要用于躲开障碍物（球或柱）或近距离闪送球。

③斜踩正打：自、他球球心连线和踩球脚呈45，槌头中心线正对瞄准方向线。是正（纵向）闪击的基本姿势。

④斜（偏）放正打：放置他球时稍偏离瞄准方向线，击球时仍沿瞄准方向线出杆。用于近距离闪带球。

（3）依闪击目的分类

①闪送　通过闪击使他球到达预定位置。又分为：

闪靠　闪送他球靠近另一他球，两球距离不超过20厘米。

闪贴　闪送他球与另一他球相贴，两球距离不超过1厘米。

②闪出界　通过闪击将他球送到界外。

③闪过门　通过闪击将他球送过球门。

④闪顶　以被闪他球顶撞另一他球达到预期目的，被闪他球也停在预期位置。

正闪顶　被闪他球停在被顶他球的位置。

偏闪顶　被闪他球与被顶他球非对心相撞，且都有预期的位置。

双闪顶　使被顶他球，再顶另一他球达到预期目的（也称闪撞换位。闪撞调位）。

⑤闪带球　以被闪他球又撞击另一他球双出界（俗称双飞）。

⑥闪撞柱　通过闪击使已过三门的他球触及终点柱。

⑦闪碰柱　通过闪击使未过三门的球触及终点柱。

双杆球技术

实现双杆球的形式有两大类。一类是利用球门和球组织双杆球，即击球通过球门并在球门前后撞击到他球。另一类是在场内任何区域利用三个球组织双杆球，即在一次击球中同时或先后撞击两个他球。

（1）门前双杆球

门前双杆球，即撞球后过门，它要求角度合适，距离适当，利用侧打分球、擦边球、擦顶球、跟进球等方法来实现撞球后过门双杆球。此打法有一定难度，偶然机会较多。

①利用侧撞分球打双杆球，用"垂点瞄准法"选取瞄准点，即可打成撞球后过门双杆球。

②利用擦边球实现双杆球。

③利用擦顶球实现双杆球。

④用打跟进球的方法实现双杆球。

（2）门后双杆球

即过门后撞球。利用直线撞击、调位找点、闪调到位和撞门柱折射等方法实现双杆球。这是使用最多，效果最好、成功率最高的造打双杆球的方法。

①门后直线双杆球　在球门后打双杆球，造杆球距球门越近越能摆在主打球过门的射线上，成功率较高。若造杆球距球门较远，送位就难精确，一般不易摆得恰到好处。这时就应向距球门稍远处送位，因为主打球过门后撞击幅度呈扇形。并应遵循"宁左勿右"的原则，以便主攻球过门后，即使打不成双杆球，也可擦击他球奔向目标（三门或终点柱），当然门后右侧有对方球或战术需要除外。

②留球双杆球　这种方法，易摆正、成功率高。

③调位双杆球　这种双杆球有一定的隐蔽性，实用价值大，并可利用对方后手球，主要靠击球员侧撞调位来实现。

④撞碰过门自打双杆球　这是利用撞顶技术自造自打双杆球的一种方法。

⑤闪撞调位自打双杆球　这是简便易行一种好方法。

⑥撞门柱折射双杆球　球门前后的两个球因球门柱的阻挡难以过门直接撞击。击球员可击自球斜角度碰球门柱，经门柱反弹改变方向，从而撞击门后球打成双杆球。折射双杆球是一种特殊的技巧球、隐蔽性好，一旦成功实效好。

8. 门球运动的基本战术

门球战术简单的讲，就是在门球竞赛中取胜的原则和方法。

战术的原则

门球战术原则是指在制定和运用战术时所依据的法则或标准。

（1）实事求是的原则

一切从实际出发，求真务实，是制定和运用门球战术的基本出发点。即根据场上局势、双方技、战术水平的实际及场地的实际情况，因人、因地、因时制宜，才能制定和运用好战术。

（2）服从全局的原则

制定门球战术，必须服务战略的需要，从全局出发，统筹组合运用各种技术，制订攻防谋略，绝不能因小失大。即便是突出重点战术，也要服从全局，服从整体。

（3）密切配合的原则

门球竞赛是一个群体对另一个群体的整体对抗，决定胜负要靠整体实力，只有密切配合，协同作战，才能赢得胜利，教练员与运动员之间、运动员与运动员之间能心往一处想，劲往一处使，默契配合是制胜之道。

（4）保存自己的原则

只有保存自己，才能攻击对方，才能战胜对方。只有场内球才有攻击力。自球都被打出界或自杀出界，就失去直接攻击对方的能力，皮之不存，毛将焉附。而凡是场内的球都不会绝对安全，只有相对安全。所以在技术组合、战术组合中首先要考虑的是保存自己，安全第一。

（5）机动灵活的原则

机动灵活的原则可以归纳为十六个字："势变法变，以势定法，随机应变，变中取势"。要做到前变后要变，你变我也变，有漏必拣，有空就钻，自误要补，转危为安。

（6）攻防兼顾的原则

门球的攻防战术是一对"孪生兄弟"，贯穿于竞赛的全过程。正确处理攻防关系是门球战术的核心内容，也是竞赛胜败的关键。要树立进攻第一的思想，只有以攻为主，才能打跨对手。以攻为主，攻中求势，攻以求生，攻以取胜；以防为辅，只有防得住，才能攻得成。要积极进攻，攻防兼顾，攻中有防，防中有攻，以攻为守，防中待攻，这就是门球攻防的辩证法。

战术的特性

门球战术的特殊性质是根据门球技术的发展而表现的，就目前实战情况而言，可归纳为以下六点：

（1）多样性

多种多样的门球技术打法，形成多种多样的门球战术单一战法。如：远程突然发射战法；侧撞擦边奔袭战法；侧顶他出己留战法；球门双杆球战法；多球双杆球战法；结组球战法；王牌球战法；接应球战法；派遣球战法；过渡球战法；闪带球战法；出界球战法。

（2）多变性

单一战法的交替变化组合使用，会成为多变的综合性，如：一门战术（一门留球战法；一门封堵战法；一门密贴战法等）；二、三门战术（球门多杆球战法；隔门结组互保战法；隔门接应战法；二层占位战法等）；边角战术。

（3）灵活性

运用单一战法依据球势的不同需求进行组合，不必形成套路，实战中，可依队员技术特长为其临时制造。如：某队员善打擦边球，亦可用先手球接应，通过擦打奔向堆集球，经过调位后再打双杆球。

（4）针对性

竞赛双方根据各自球队的不同特点制定不同战术。目的是争取赛场上的主动权，控制好球势。如：一方要占据与扼守要塞，而另一方要夺取要塞，此刻必定短兵相接，有攻有防或展开对攻，各施各的绝招。有时一方要过门得分，而另一方必定要阻止与破坏，不可避免的又是一场刺刀见红的搏杀。

（5）转化性

竞赛场上有攻有防，攻转防，防转攻，攻中有防，防中有攻，两者相互转换。其结果有得有失，有胜有败，从而使球势瞬间发生变化。变化的过程就是转化的过程，优势变劣势，劣势变优势。

（6）偶然性

偶然性是突然发生的现象，无法预测无法防范。有两种情况，一是幸运球，此球不是事先策划而是意外形成的，有的是在有可能的情况下，有意识这样做，但有难度没有把握，归根结底还是碰运气。如：1球擦打9球解救3球，结果到跟前碰上2球又打成双杆球，3球还成为王牌，这一个意外的收获堪称最佳效益，说不定可将对方球清场。二是失误球，失误球同样无法预测。如：1球擦9球结果擦空，给2球做了接力，2球反擦1球奔3球，打掉3球解救了4球，还制造一个王牌球。

179

基本战术

门球基本战术是实践经验的积累，是由门球运动的特点、门球运动的客观规律所决定的。

（1）结组基本战术

①结组战术是由门球周期性所决定的。

②结组球从竞赛开始至终场无所不在。陷入困境时要采取结组基本战术，用以相互保护。处于有利方面时也要结组，用以阻止对方的攻击。结组球是本队球相互保护的一种行之有效的形式，也是有组织、有谋划的一种向对方发起进攻的战术手段。

③结组基本战术有连号球结组、任意号球结组、隔门定向球结组等。结组到位防能防得住，攻能攻得上。

④在组织结组基本战术时，要做到"五不结组"：一是对方能送球；二是对方有双杆球；三是对方有擦边球；四是对方有过门球；五是对方核心队员中远距离冲击球。

⑤"两点注意"："一是场内球不安全不结组，以免造成"一个球活两个球死"；二是不要送错球号。

（2）球与门的基本战术

①开局以夺势为主时，要千方百计控制二门，已过门的球也可"赖着"不走。

②中局可视场上情况，审时度势，有时以打球为主，有时以过门得分为主。

③根据战术上的需要，将已过三门的球也可派到二门前守门，以压制对方，并保持己方优势。

④残局尤其是最后五分钟，原则上以夺门抢分为主，有时也可打球阻止对方得分。

（3）压线与反压线战术

①压线（包括贴近边线）球有两种：一种是界外进场压线；一种是界内闪送、直送压线（靠边）球。

②压线球对我方是有威胁的球，要"先下手为强"，区分不同情况，"十八般兵器"都可派上用场：

或是将其撞出界外；

或是以对方球作炮弹闪带；

或是送球到位，打换位球；

或是边球不打，避而远之。

③对己方有威胁，又可能造成严重后果的球，必要时用己方球为炮弹闪带；或"一带二打"，"同归于尽"。

（4）接力的基本战术

接力是最主要、最常用的基本战术之一，也是用途最广的基本战术。门球最讲相互配合，而接力战术是相互配合最重要、最佳形式。竞赛中应用接力基本战术时，要注意三点。

①送球必定要到位，切忌送球不到位或送过头，甚至将球送出界外。

②送球不到位时，在安全的前提下可采取补救措施：当对方有先手球时，虽送球不到位，也不宜再送接力球，以免对方冲击；当送球过头时，应根据队员技术水平选择打或忍痛牺牲，切忌越陷越深。

③不打个人英雄球，切忌你打我，我打你，结果未打中还击球出界。

（5）主动、被动时战术

从形势上看，不同时间，有一方主动，有一方被动。循环往复是多数现象，而一边倒是少数现象。

①主动队不要给对方留喘息机会，继续发挥优势，乘胜追击，扩大战果，留有后劲。

②被动队不要丧失信心，要等待战机，采取分散、隐蔽的方法，

减少损失，保存实力，以便东山再起。

布局战术

开局好坏在布局，布局成功一方面对竞赛的进展具有重大影响，开了个好头，打下了一个好的基础另一方面全体队员受到了鼓舞，心态平衡，可以充分发挥队员的技术水平。布局有以下几种形式：

（1）二三型布局

也叫技术型布局、布阵型布局。这是一种典型的布局，是一种稳健的开局。主要看双方技术发挥好坏。

（2）稳妥型布局

也叫保护型布局、综合型布局。这是利用一门攻势的布局，是留有余地的布局，其特点是取二三型布局、冲击型布局之长处，避其短处，是既有先声夺人又有后发制人的布局。这种布局有较大的选择性、灵活性。

（3）冲击型布局

也叫强攻型布局，或叫直冲二门布局。冲击型布局是直来直去、大刀阔斧的布局。先过门，后布局。其节奏快，反复性大。

（4）结组型布局

这种布局就是以一门为依托，利用单号球结组，在一门接应以便抢占二门或攻击对方球。其特点是白方球无大风险，但发挥不好红方能捡个小便宜。

（5）连锁型布局

这是利用固定球号进场或留球。其特点是主要着眼于提高己方威力给对方以较大打击，以控制形势。连锁型布局谁进场谁留球是固定球号。

（6）留掺型布局

这种布局是你留我掺，是一种相互制约的布局。第二轮你进我进。

留球作用是很大的，它可控制一门后、二门前、三门后三大片。其特点是，你中有我，我中有你，效果如何，关键是看谁发挥得好。

（7）夺势型布局

这种布局也属单球结组，但它不同于上述单球结组型布局。一是这种布局不在一门而是在二门二是它不是连号结组而是隔号结组三是进攻方不是多目标，而往往只局限通过接应球搭桥攻击三门前球或过门。

（8）一角就近型布局

一角布局与二三型布局所不同的是2、4号球不去三门。而是轻进一门后将球在一线结组，它既控制二、三门前两大片，又避免1号球过二门后的冲击。

（9）角安全型布局

为避免对方"拔钉子"而采取的一种新型布局。一般是1、3、9号球结组，形成1、3和9、1多次连号结组球，做到进可攻，退可守。

（10）机遇型布局

这种布局是非常规开局。有三种情况：

①1号球占位偏里，2号球过一门改变去三门前的计划，而将球打到底线击打1号球夺取二门。

②5号球未进二门卡在门侧，6号球改变留球的安排，而将球打到与二门相对应的地方进二门打成双杆。

③2、4号球过于暴露、或有角度球，则红方采取5号球轻过一门，远冲三门前的2、4号球，从而既打击对方有生力量，又可控制三门，逼得白方无立足之地。

时间战术

当门球竞赛进行到最后十分钟特别是最后五分钟内时，时间往往成为决定胜负的重要因素之一。双方场上指挥员都要对怎样使用这段

时间做出决定。得分优势方掌常采用拖时战术，以保持优势到终场。得分劣势方则多采用抢时战术，以挽回败局。

（1）拖时战术

拖时战术有下面几种方法：

①慢出杆，充分利用规则，到裁判员宣布八秒时再出杆。

②打远球，使自球或被闪它球的行程长，且把球打到似出界不出界或溜远处的它球，裁判员不能提早呼号。

③多打球，这是拖时的最有效方法，每撞击一球再闪出去大约需要 30 多秒的时间，只要能多打几个球就拖了较长时间。

④打掉对方待杆球或可能得分的球，不让对方进攻己方或得分，必要时可用己方的无用球闪带对方的关键球。只要不让对方得分或少得分就是胜利。

⑤得分要斟酌，将己方球送过球门得分可以扩大与对方比分差距，但在该球能自己过门时，就不一定闪送过门，而闪送到既安全又能过门的地方，这比送过门多打一杆球。如果己方的下手球能吃掉对方的关键球时，更应选择吃球，既保持优势又能拖时，而不选择送其过门。

（2）抢时战术

抢时战术有下面几种方法：

①快出杆，当然是在不失误的情况下快打。

②打短球，以缩短球的滚动时间。如界外球进场又一无处可去应快速小力打进场内。在闪一击对方球又不带球时应就近闪出。

③少打球，能不打就不打，这样可以节省较多时间。

④打掉或派球吃掉对方待杆球或会进攻己方的球，不让对方拖时。

⑤少倒球、少接球，由在杆球直接送到该去的地方，不留给下一杆。自球也直接到下一站。当然，必要的接球还是要接的。

⑥抢轮，将己方球能送过门的都送过门，由己方下一杆球全送到下一站（三门或终点柱）。能顶送过门的更应顶过门，提前送到下

一站。

残局战术

残局是中局的延续，是全场竞赛的关键。

（1）全盘运筹

在竞赛中，围绕着如何谋取胜利来运筹残局，就要谋划残局怎么打，可能几号收杆，是胜还是败。

①随着时间的推移，根据场上态势，双方得分等不断调整战术方法。不断权衡利弊，找准主要矛盾，选准主攻目标，达到得势又得分。

②随着局面的不断变化，要分析双方得分球与不得分球，本队得分球尽力保护，对方得分球全力攻打。

③控制好节奏，快慢有序，一切在我掌握之中巧妙组织收杆球。

（2）尽力多抢分

抢分是残局阶段始终贯穿的一条主线，一切战术都要围绕抢分来谋划，自己多抢分，阻止对方少得分，因为竞赛的胜负最终是以得分的多少来决定的。抢分的主要手段：

①运用先手球突击送门。运用先手球送门抢分是抢分的一种手段。当竞赛快要结束时，如果有大部分球没有进二门或没有进三门，就要设法利用先手球送门抢分。

②适时撞柱抢分。撞柱主要是自球撞柱和闪送他球上柱，撞柱是抢分的关键，主要有以下几种手段：直接撞柱、直接闪送撞柱、双杆撞柱、接应撞柱、闪带顶柱、先手靠柱、留球撞柱。

③利用闪顶技巧抢分。

④轮次前抢，谋取高分。采用集中送门或撞顶进门等手段，达到轮次前抢，谋取满分或多抢分的目的。当对方球被我全部打出界外后，我大部分没进二门，又集中在二门附近时，这时不要摆双杆，应集中送门，再全部送往三门，再集中送进三门，当对方球大部分压线时，

我再派遣去追打他球或集中送柱抢分。

⑤谋取满分。在竞赛中打出满分，这是教练员与运动员密切配合，技、战术发挥最好的结果。要打出满分需要精心运筹，教练员反应要快，运动员不失误，有机会就抓住不放，直到组织成满分。

（3）运用好时间

竞赛中灵活运用时间，该抢则抢、该拖则拖，掌握好节奏，是取得胜利的重要环节。抢时，一般是在被动情况下，通过加快节奏，不打无关的球，抢出几秒钟，使某球能够轮及；拖时，一般在较主动或相持的情况下，为了确保胜利而采取的一种战术手段。

（4）打好收杆球

打好收杆球不仅是个技术问题，而是严谨的战术问题。收杆，从宣布竞赛还有五分钟后就要有大概的估计，直到最后三分钟时，根据场上态势，基本确定谁收杆。

①优势时，可以靠球的过渡，来达到我几号球收杆，不让对方某号收杆。

②劣势时，要通过加快击球节奏和减少击球，来达到某球收杆，可多得几分而达到取胜或少输分。

③收杆是有计划、有目的的战术行动，不是随便任其发展。

9. 门球运动的基本规则

门球的普及时间并不是很久，但经过几十年的发展，它的规则已经较为成熟。这些规则主要包括程序规则、胜负规则等。

程序规则

（1）竞赛时间

竞赛时间为30分钟。

（2）竞赛开始

①竞赛在主裁喊出"开球"后开始。

②竞赛开始时，参加竞赛的队员在开球区后从 *1* 到 *10* 依次排列。

（3）暂停

①暂停是指主裁要求暂时停止竞赛，此期间竞赛计时暂停。

②竞赛队伍不得要求暂停。

（4）中断竞赛

①由于天气或其他使竞赛不能继续的原因，竞赛可以暂时中断。

②竞赛恢复时按原竞赛状态和时间继续进行。

（5）推迟和取消竞赛

①如果竞赛不可能再继续进行，竞赛被推迟或取消。

②如果竞赛推迟的决定在竞赛的前 *20* 分钟做出的，必须完整地重赛。

③如果竞赛取消时，竞赛已进行了 *20* 分钟，竞赛结果有效。

（6）竞赛结束

①竞赛在主裁喊出"竞赛结束"时结束。

②如果 *30* 分钟竞赛时间到，而竞赛还在进行中，应遵循以下方式结束竞赛：

如先攻队员正在竞赛，则须等到后攻队员完成击球后，竞赛结束。

如后攻队员正在竞赛，则在其完成击球后，竞赛结束。

（7）击球顺序

①击球顺序是从 *1* 号到 *10* 号。

②队员每人一球，且球上的号码与击球顺序一致。

③先攻队使用红球，后攻队使用白球。

（8）自球和他球

对于每一个队员来说，除了自球以外的 *9* 个球都被称为"他球"，例如，第一个击球队员，*1* 号球是自球，而其他的 *9* 个球是"他球"。

胜负规则

（1）得分

①成功通过1门，得1分。

②接着成功通过2门，再得1分，共计2分。

③接着成功通过3门，再得1分，共计3分。

④成功撞柱，再得2分，共计5分。

说明：每队最多可能得分为25分

（2）胜负

竞赛结束时，各队每名队员所得分值相加为该队总分，总分高者胜出。

（3）得分相等的一般判定

两队得分相等时，按以下顺序，根据得分情况判定胜负：

①撞柱多的队获胜。

②当撞柱数相等时，通过3门多的队获胜。

③当撞柱数和通过3门数都相等时，通过2门多的队获胜。

（4）得分相等的其他判定

根据（3）仍不能判定胜负时，根据以下顺序决定胜负：

①竞赛结束后，球员按1到10号的顺序站成一排，依次击球通过1门，成功通过1门多的球队获胜。无论队伍得分多少，只要得分多即获胜。如果在竞赛结束时有缺员，不能补充队员。

②如果根据①仍不能决出胜负，则1号和2号队员分别通过1门决定胜负；如果仍不能决出胜负，则3号和4号队员分别通过1门决定胜负；依此类推直到决出胜负。如果有一方队员缺席，则另一方相对应队员只要通1门该队即获胜。

③如果根据①不能决出胜负，可以不执行②的方法，直接判为平局。

(5) 满分赛的判定

某队得 25 分的竞赛为满分赛，并按以下方法判定胜负。

①当先攻球队率先获得 25 分，待接下来的后攻球队的队员完成竞赛后，竞赛即告结束，并判定胜负。

②由于先攻球队队员击球造成后攻球队率先获得满分，待该队员完成击球后，竞赛结束，并判定胜负。

③由于后攻球队队员击球造成先攻球队率先获得满分，待该队员完成击球后，竞赛结束，并判定胜负。

④当后攻球队率先获得满分，待该队员完成击球后，竞赛结束，并判出胜负。

说明：两支队伍都达到 25 分，该场竞赛应为平局。胜负则根据得分相等的相关规则来决定。

(6) 弃权规则

出现以下任何一种情况，该队即被认为丧失竞赛权，判对方获胜：

①球队宣布放弃竞赛。

②球队在竞赛开始时少于 5 名队员。

③裁判呼号时，该队拒绝竞赛。

(7) 无资格参赛

当球队中有无资格参赛队员上场竞赛，即被视为"无资格参赛"，判对方获胜。

竞赛通则

(1) 球员进场和退场

①击球队员是指被呼号击球而进场竞赛的队员。

②击球队员击球后，球停在场内、界外球、撞柱或击球时犯规、妨害竞赛，击球权即告结束。

③击球权结束后，队员应立即退场。

（2）超时

①击球员必须在 10 秒内击球或闪击。

②10 秒计时从以下几种情况开始计时：

击球员被呼号时。

当续击权发生时。

③当击球员在 10 秒内没有击球或闪击，则构成"超时"犯规。

④击球员超时犯规，则失去击球权。但如果是在闪击时超时犯规，根据不同的情况，可以按照关于闪击犯规的规定执行。

（3）确认事项

击球员可以对以下几点进行确认，确认用时不算裁判用时。

①确认成功通过了一个门。

②确认成功撞柱。

③确认成功撞击。

④成功撞击后，确认自球和他球的接触情况以及他球之间的接触情况。

（4）请求确认

出现以下情况也可要求确认：

①确认压在球门线上的球是来自门前方面，还是来自门后方向。

②确认闪击时所放他球是否压在球门线上。

③确认通过 3 门的球是否撞击了终点柱。

④自球与他球接触，确认是否能进行有效的撞击。

⑤确认成功撞击的球号。

⑥确认撞击后自球与被撞击球之间的接触情况。

⑦确认撞击后被撞击球与他球之间的接触情况。

（5）击球顺序犯规

竞赛由主裁判宣告开始进行。竞赛时应按照球上注明的顺序号次击球。如果搞错了击球顺序而打到了自己的球（自球）时：

①判为击球顺序犯规，取消该队员的击球权，并把自球放在就近的第一线（如果就近的第一线位置有 2 处或 3 处时，应将球放在高下次通过的球门最远的位置；如果已通过了第三门的球，则将球放在离终点柱最远的位置处）。

②判罚取消该队员下一轮的击球权。

（6）有效竞赛行为

有效竞赛行为是指按规则规定进行的竞赛行为，包括正确的竞赛行为和犯规的竞赛行为：

①正确竞赛行为是指击球员正确地击球和闪击，使竞赛继续进行下去。

②犯规竞赛行为是指击球员的竞赛行为犯规。

（7）无效竞赛行为

无效竞赛行为是指在裁判员用时期间，击球员或其他运动员的竞赛行为。

（8）球体移动

①有效移动　除了无效移动外，击球员因正当击球行为而使球产生的移动称有效移动。

②无效移动　以下移动为无效移动，被移动的球应放回原位。

击球规则

（1）击球

①击球是指击球员用槌头横断面部分击打自球的行为。

②击球员不得拒绝击球。

（2）开球

①开球时，击球员必须将自球置于开球区内。

②击球员可以要求裁判员暂时移开其认为妨碍其顺利通过 1 门的他球。

（3）获得续击权

①当球停在竞赛线以里，以下几种情况将获得续击权：

成功通过球门。

获得闪击权时。

闪击成功且与闪击有关的动作完成后。

②击球通过球门且没有出界，享有一次续击权。

③击球撞击他球，且自球与被撞击球都没有出界，击球员必须闪击被撞击球。

④每次成功闪击后，击球员均享有一次击球权。

（4）击球犯规

如果击球员按如下方式击球为犯规，即击球犯规。

①推球、两次击球或使用槌头横断面以外的部位击球。

②击球员通过踢槌杆或槌头、用手击球槌或手握槌头击球。

③间接移动球时。

④当球与球门、终点柱接触，槌头撞击球门、终点柱而使其产生移动。

⑤在获得闪击权之前击球。

⑥获得闪击权后，没有闪击而击球。

⑦成功闪击后，在获得续击权前击球。

⑧开球时，没有将自球置于开球区内。

⑨撞击他球。

⑩自球仍在移动时，击打自球。

（5）击球犯规的处理

当发生击球犯规，击球员失去击球权，竞赛按以下几种情况处理：

①如果是本条中（4）①，②，③，④，⑤和⑥的情况：移动的球被放回原位。

②如果是本条中（4）⑦的情况：由开球员拿回自球。

③如果是本条中（4）⑧的情况：被移动的他球放回移动前的位置。

④如果是本条中（4）⑨的情况：打击之前，得将自球放到离击球点最近的内边线的点外 10 厘米的地方。

（6）击球顺序犯规

①竞赛由主裁判宣告开始进行。竞赛时应按照球上注明的顺序号次击球。如果搞错了击球顺序而打到了自己的球（自球）时，则判为击球顺序犯规。

②出现击球顺序犯规时，取消该队员的击球权，并把自球放在就近的第一线（如果就近的第一线位置有 2 处或 3 处时，应将球放在高下次通过的球门最远的位置；如果已通过了第三门的球，则将球放在离终点柱最远的位置处），还取消该队员下一轮的击球权。

过门规则

（1）过门有关规定

①过门，是指球由球门前方完全通过球门线，且停在界内。

②成功通过球门是指球首次分别依次通过 1 门、2 门、3 门。

③如果球从门后方向往门前方向运动并停在球门线上，击球员在下一轮击球时将球击打移动到球门后方，不算通过球门。

④通过闪击送他球过门时，只要放置他球时没有与球门线接触，过门有效。

⑤击打界外球，即使该球通过球门，也不算通过球门。

⑥如果击打界外球，使其从球门前方正方向进入球门并停在球门线上，待下一轮击球时，可以完成通过球门。如果是从球门后方反方向进入球门并停在球门线上，则适用本条 3 款。

（2）过门的结果

成功通过 1 门：击球员自开球区击球，使自球顺利通过 1 门，并

停在界内（内线内），即被认为有效通过 *1* 门，也叫"*1* 门得分"。

撞柱规则

（*1*）有效撞柱，称为"Agari"，是指已有效通过 *3* 门的球撞柱。

（*2*）如果击球员希望通过闪击送他球撞柱，如果放置他球时，不得将该他球与终点柱接触，否则闪击撞柱无效。

（*3*）如果通过 *3* 门后，静止时与终点柱有接触，在下一个动作撞柱成功才被认为是有效撞柱。

（*4*）击球员击已过了 *3* 门的界外球，撞柱无效。

（*5*）已有效撞柱的球，应拿出场外。

撞击规则

（*1*）有效撞击

①击出的自球移动后撞上他球，即发生撞击。如果自球已与他球接触，只需击打自球即产生有效撞击。

②自球有效通过 *1* 门前与他球相撞，撞击无效。

（*2*）闪击权的获得

①有效撞击发生后，自球与被撞击球皆在界内，击球员必须进行闪击。

②如果击球员同时获得数个闪击权利，闪击他球是与被撞击的次序无关，被撞击的他球需全部被闪击。

（*3*）闪击优先

①一次击球获得闪击权并通过了球门，优先进行闪击。

②击球员同时获得击球权与闪击权，闪击权优先。

（*4*）重复撞击

①连续击球过程中，如果被闪击球又撞击，则构成"重复撞击"犯规。

②如果发生重复撞击，击球员失去击球权，竞赛按如下方式进行：

自球按"chokkingai"（离击球犯规点最近的内边线点外 10 厘米）处理。

被重复撞击的他球置于第二次撞击发生处。

闪击规则

（1）闪击一般规则

①闪击是指放置好球后，通过击打自球产生的冲击力使他球产生移动。

②放球是指踩住静止的自球，放置被撞击的他球并使其与自球接触。

③他球必须放在内线以里。

④击球员不得拒绝闪击。

④由于闪击他球而产生的任何移动有效。

（2）闪击犯规

击球员在闪击过程中有如下行为，被认为是犯规：

①击球员捡起被撞击球以后、进行闪击以前，被撞击球直接移动了自球或其他他球。

②放球前，踩自球或再踩时，球从脚下离开。

③放球后，再踩时，球从脚下离开。

④闪击时，放球手未从被闪击球上拿开。

⑤击球员只击打了踩球的脚。

⑥被闪击的球移动后，距自球小于 10 厘米。

⑦闪击后，被闪击球碰上球门或终点柱，与自球接触，然后停止。

⑧闪击后，自球从脚下移开。

⑨击球员同时对多个他球进行闪击行为。

⑩击球员将被撞击球置于内线外进行闪击。

⑪闪击后，击球员将自球从脚下移开。

（3）闪击犯规的处理

闪击犯规，击球员失去闪击权，竞赛按如下情况进行：

①如果闪击犯规发生在内线以里，且在各球静止之后，放球之前：自球与被撞击他球放回被撞击后静止的位置。

②如果闪击犯规发生在放球以后，闪击完成以前：自球放回撞击后静止位置，而且球放回被闪击位置。

③如果闪击犯规发生在闪击完成后，击球员脚从球上移开之前：自球放回撞击后静止的位置。

④闪击后，被闪击球碰上球门或终点柱，（弹回）后与自球接触并静止：自球与被闪击球他球放回闪击后接触的位置。

⑤如果击球员将被撞击球放在内线外进行闪击：自球与被闪击他球放回撞击后静止的位置。

界内球和界外球

（1）界内球

①界内球是指成功通过 1 门后，仍停留在内边线以里的球。

②击打界外自球（球在内边线外）进入内边线以里，则成为界内球。

（2）界外球

①界外球是指被打到内线外，或由于犯规而被"chokkingai"（将自球放置于离击球犯规点最近的内边线点外 10 厘米）处理的球。

②被击打到内线外的界外球，应放在其通过的内线点外并垂直于内线 10 厘米处。

③击球员如果认为界外球妨碍竞赛，可以要求裁判员暂时为其拿开。

（3）击界外球

①从被指定的放球位置击打界外球。

②击球员击界外球，球又回到内线外，该球成为该出界处的界外球。

（4）击界外球犯规

①击界外球入场的运动过程中触及他球，为犯规，应判击界外球犯规。

②击界外球犯规按如下方式处理：

自球按"chokkingai"（将自球放置于离击球犯规点最近的内边线点外10厘米）处理。

因击界外球犯规而使他球移动，将他球放回移动前位置。

触球犯规

（1）触球犯规

击球员因非规则允许的原因触到了场内的球，为触球犯规。具体情况有：

①开始击球时，击球员用球棒或脚等触及自球，并使其恢复到原位。

②掉下的球棒触及球。

③击球员用球棒拖动被撞击球。

④击球员身上物品掉下触及球。

⑤如果击球员服装边沿、衣袖或所戴帽子掉下后触及球，不算犯规。

（2）犯规的处理

触球犯规，失去击球权，并按如下方式处理：

①触及静止球：被触及球放回触球位置。

②触及移动中的自球：自球按"chokkingai"（将自球放置于离犯规点最近的内边线点外10厘米）处理。

③触及移动中的他球：他球放回触球位置，而且自球按"chok-

197

kingai"（将自球放置于离犯规点最近的内边线点外 10 厘米）处理。

④击球员球棒触及球门或终点柱，使球产生移动：被移动球放回移动前位置。

⑤如果触及犯规发生在闪击过程中，根据不同情况，按第十六节第四条第二、三款有关闪击犯规的规定处理。

妨碍竞赛

当裁判员确定教练员或运动员妨碍竞赛时，主裁可以采取以下措施以确保妨碍竞赛一方不因妨碍竞赛行为的实施而获取利益。

（1）失去击球权。

（2）按"chokkingai"（将自球放置于离犯规点最近的内边线点外 10 厘米）处理。

（3）过门、撞柱无效。

（4）将教练员或运动员逐击球地，被逐击球地的运动员，其球取击球外，该号缺号，但被逐击球地前的得分有效。

（5）取消该队竞赛资格。